Russland allein bereisen

russland-buecher.ru

Sandra Ravioli   Oliver Kempkens

Russland allein bereisen

Für Tourismus, Studium und Business

Eine Haftung seitens der Autoren für Personen-, Sach- oder Vermögensschäden ist ausgeschlossen.

Über dieses Buch:

Dieser Ratgeber will Reisende, egal ob Touristen, Studenten oder Geschäftsleute unterstützen, sich alleine durch Russland zu bewegen. Ziel sind alle Russlandreisende, die das Land auf eigene Verantwortung erkunden möchten. Dabei ist es viel einfacher und unkomplizierter als noch vor wenigen Jahren. Egal ob mit dem eigenen Auto oder dem Mietwagen, mit Fahrrad, alleine oder zu zweit, bietet das Buch Informationen zu allen Reisearten und für jedes Budget, von der Unterkunft vor Ort, über Themen wie Gesundheit bis zu den notwendigen Formalitäten.

Über die Autoren:

Sandra Ravioli, Ökonomin, lebt in Russland seit 1992. Sie arbeitet als Projektmanager für unterschiedliche Unternehmen. Oliver Kempkens hat Rechtswissenschaften, Wirtschafts-mediation, Design Thinking und Psychologie studiert, lebt derzeit in Kalifornien (Palo Alto). Als Gastdozent war er an der Higher School of Economics in Moskau tätig. Während seiner Freizeiten bereist er immer wieder Länder der ehemaligen UdSSR, am liebsten die Russische Föderation und Belarus.

Das Reisen lehrt Toleranz.

Benjamin Disraeli (1804 - 1881)

Inhalt

Alles über das Fliegen

Bei Reisenden aus dem Westen nach Russland ist das Flugzeug noch immer das Transportmittel Nummer eins. Da es für Individualtouristen keine Charterflüge gibt, ist man auf Linienflüge angewiesen. Wenn die Gruppe groß genug ist, besteht die Möglichkeit Air Tempelhof, die früher die Strecke Berlin Kaliningrad (Königsberg) auf Linie geflogen sind, zu chartern (nähere Infos unter http://www.air-tempelhof.de).

Ansonsten bieten sich bei Linienflügen sechs Alternativen an, über die wir in diesem Kapitel alle erwähnenswerten Infos, insbesondere die verfügbaren Verbindungen, vorstellen möchten:

- Direktverbindungen von etablierten mitteleuropäischen Fluggesellschaften: Lufthansa, Austrian Airlines und Swiss
- Spezielle Via-Angebote anderer westeuropäischer Gesellschaften wie KLM, FinnAir und SAS
- Die drei großen russischen Fluggesellschaften Aeroflot und Rossija
- Billigflug-Anbieter mit Russland-Programm: Air Berlin und Germanwings
- Regelmäßige Via-Angebote von Fluggesellschaften aus dem östlichen Mitteleuropa: CSA, LOT und AirBaltic
- Flüge mit kleinen russischen Gesellschaften wie Transaero und Skyexpress

Für Flüge innerhalb des Landes ist das Angebot begrenzt. Zu den russischen Gesellschaften gibt es keine Alternativen. Im

Anhang befinden sich alle wichtigen Kontaktadressen um solche Daten zu erfragen.

Flüge mit westlichen Fluggesellschaften

Traditionell stehen die klassischen westeuropäischen Fluggesellschaften für Service, Komfort, Sicherheit und eigene Innovationen. Das hat seinen Preis und schlägt sich grundsätzlich auf die Ticketpreise nieder.

Die Lufthansa bietet als eine der wenigen westlichen Gesellschaften eine nennenswerte Anzahl von Direktverbindungen in das russische Hinterland. Im Einzelnen werden folgende russische Städte von der Lufthansa direkt aus Deutschland angeflogen:

Jekaterinburg (ab Frankfurt a. M.), Kasan (ab Frankfurt a. Main), Moskau Flughafen Scheremetjewo (ab Düsseldorf, Frankfurt a. M., München), Nischni Nowgorod (ab Frankfurt a. M.), Perm (ab Frankfurt a. Main), Rostow am Don (ab Frankfurt a. Main), Samara (ab Frankfurt a. M.), Sankt Petersburg (ab Frankfurt a. M., München, Düsseldorf). Von den übrigen deutschen Flughäfen gibt es meist Via-Angebote zu den genannten Zielen über Frankfurt a. M. oder einem anderen der Nonstop-Flughäfen.

Austrian Airlines bietet Flüge nach Russland ab Wien nach Moskau und Sankt Petersburg direkt und je nach Flugzeit nach Krasnodar, Sochi und Rostow am Don (ansonsten Via-Flug mit Tyrolean Airlines). Austrian Airlines macht in Deutschland viel Werbung mit zahlreichen Via-Angeboten von deutschen Flughäfen über Wien. Im Zentrum der Werbung (zurzeit "redticket" genannt und ab neun deutschen Flughäfen möglich) stehen dabei der Flugpreis und eine kurze Verweilzeit in Wien (ab 25 Minuten). Ziel sind vor allem Lufthansakunden, die mit etwas günstigeren Angeboten über Wien abgeworben werden, denn mit den Preisen von Billig-Airlines oder osteuropäischen Gesellschaften sind die Austrian Airlines Tickets nicht vergleichbar.

Swiss fliegt ab Zürich oder Genf nach Moskau, weitere Verbindungen nach Russland bestehen nicht. Ähnlich zum "redticket" der Austrian Airlines bieten auch andere traditionelle westeuropäische Anbieter - teils zeitlich befristet auf die Nebensaison - günstige Via-Angebote für deutsche Russlandreisende an, z.B. KLM oder FinnAir. Das Internet und jedes Reisebüro wird gerne über aktuelle Angebote Auskunft geben.

Billigflieger

In den letzten Jahren sind Billigangebote online buchbar. Zu den beiden wichtigsten Zielflughäfen Russlands, Moskau und St. Petersburg, findet man günstige Angebote für Frühbucher. Die sonstigen oft strengeren Regeln (z.T. hohe Gebühren bei Umbuchungen, wenn solche überhaupt gehen, hohe Gebühren bei viel Gepäck, Catering z.T. kostenpflichtig) sind identisch mit den Billigangeboten im übrigen Europa.

Der erste Anbieter dieses Segments mit Flügen nach Moskau (ab Berlin, Düsseldorf, Stuttgart, Nürnberg, München, Zürich und Wien) war Germania Express (gexx), die heute Germania heißt und keine Ziele in Osteuropa mehr anfliegt.

Germanwings kam später hinzu und fliegt derzeit nur noch Moskau an (ab Berlin, Düsseldorf, Dresden, Frankfurt a. M., Köln / Bonn, Hamburg, Hannover, Karlsruhe, München, Münster, Nürnberg, Stuttgart, Usedom und Basel bzw. Zürich / CH sowie Graz, Innsbruck, Klagenfurt, Linz, Salzburg und Wien / A).

Von der Deutschen BA (dba) wurde dann Moskau (ab Köln, München, Stuttgart, Nürnberg, Düsseldorf, Münster, Harnburg, Wien, Zürich) und Sankt Petersburg (ab Berlin, Dortmund, Dresden, Düsseldorf, Frankfurt a. M., Karlsruhe, Köln / Bonn, München, Münster, Nürnberg, Saarbrücken, Stuttgart, Sylt, und Zürich / CH sowie Klagenfurt, Linz, Salzburg und Wien / A) angeboten, wobei diese Gesellschaft inzwischen von Air Berlin übernommen wurde.

Die Flüge wurden von dieser Gesellschaft ebenfalls übernommen. Des Weiteren fliegt Air Berlin nach Irkutsk (ab Berlin, Düsseldorf, Frankfurt a. M., Hamburg, Stuttgart und Zürich / CH), Kasan (ab Düsseldorf, München), Novosibirsk (ab Berlin, Düsseldorf, Hannover und Zürich / CH), Perm (ab Berlin, Düsselforf, Hamburg, Stuttgart und Zürich / CH), Samara (Düsseldorf, Frankfurt a. M.), Rostow am Don (Berlin, Düsseldorf, Dresden, Frankfurt a. M., Nürnberg, Hannover, Stuttgart und Zürich / CH sowie Wien / A) und Ufa (Düsseldorf, Frankfurt a. M., Hannover).

Ganz neu ist, dass es mittlerweile - man glaubt es kaum – eine russische Billigfluggesellschaft namens Skyexpress gibt. Diese ist sehr stolz auf ihre Flugzeugflotte westlicher Bauart (Boeing).

Flüge nach Mitteleuropa sind nicht im Angebot - innerrussisch werden vom Moskauer Flughafen Wnukowo zurzeit Anapa,

Cheljabinsk, Krasnodar, Jekaterinenburg, Murmansk, Perm, Rostow am Don, Sotschi, Rostow am Don, Sankt Petersburg, Tjumen, Ufa und Wladikawkaz angeflogen.

Die Homepageadressen der Billigflug-Anbieter befinden sich im Anhang.

Große russische Fluggesellschaften

Für die großen vier russischen Fluggesellschaften bekommt man sein Ticket über jedes Reisebüro mit IATA- Ticketverkauf oder über die großen Online-Flugportale wie http:// swoodoo.de oder http://fluege.de.

Die traditionsreichste russische Fluggesellschaft ist die bereits 1923 gegründete Aeroflot. Sie gibt sich momentan viel Mühe, das servicefreie und verstaubte Image des alten sowjetischen Staatsfliegers - damals die größte Fluggesellschaft der Welt - abzulegen.

Die für den westlichen Geschmack nicht sonderlich vertrauenserweckenden Tupolew-Maschinen der Airline gehören eigentlich der Vergangenheit an. Auf den Linien nach Mitteleuropa werden sie im Regelfall nicht mehr eingesetzt, sondern modern ausgestattete Airbus- und Boeing-Maschinen, die in den letzten 15 Jahren angeschafft wurden. Es ist deshalb selbst für ängstliche Zeitgenossen ziemlich schwachsinnig mit einer westlichen Gesellschaft nach Moskau und von dort mit Aeroflot (oder einer anderen großen russischen Gesellschaft) weiter ins Landesinnere zu fliegen: Man zahlt mehr - darf jedoch nach Ankunft für den Inlandsweiterflug in eine Tupolow oder Iljuschin umsteigen. Für russische Verhältnisse hat die Aeroflot beim Service, auf internationalen Flügen, ein sehr hohes Niveau. Stewardessen, die kein Englisch können, wird man hier - im Gegensatz zu weiter unten beschriebenen Kleingesellschaften - nicht finden. Die Aeroflot ist im regulären Ticketpreis wesentlich günstiger als traditionelle westliche Airlines, aber ein wenig teurer als andere russische Gesellschaften.

Das Drehkreuz der Gesellschaft ist Moskau mit den Flughäfen Scheremetjewo und Domodedowo, die auch am meisten von westlichen und inländischen Fliegern frequentiert werden. Von dort kommt man in jede beliebige Ecke Russlands. Auch am Sicherheitsimage – für eine russische Gesellschaft immer ein wichtiger Punkt - feilt die Aeroflot fleißig und weist gerne darauf hin, dass es seit nunmehr 18 Jahren keinen schweren Flugzeugunfall bei Aeroflot gab.

Aeroflot-Büros findet man bei allen größeren deutschen Flughäfen (Adressen im Anhang). Aeroflot ist gemeinsam, unter anderem mit der traditionsreichen Lufthansa und Air France, Mitglied des Allianz Sky Teams.

Aus unzähligen mitteleuropäischen Städten gibt es Aeroflot-Flüge, bspw. aus Berlin, Budapest / Ungarn, Düsseldorf, Frankfurt a. M., Hamburg, Hannover, Karlsbad (Karlovy Vary) / CZ, Kopenhagen / DK, München, Paris / F, Prag / CZ, Wien / A, Zürich / CH; und in folgende 33 russische Städte geht es von Moskau aus weiter: Anapa, Archangelsk, Astrachan, Barnaul, Chabarovsk, Cheljabinsk, Irkutsk, Jekaterinburg, Juschno-Sachalinsk, Kaliningrad (Königsberg), Kemerowo, Krasnodar, Krasnojarsk, Magadan, Mineralnye

Wody, Murmansk, Nischnewartowsk, Nischni Nowgorod, Norilsk, Nowosibirsk, Omsk, Perm, Petropawlowsk-Kamtschatki, Rostow am Don, Samara, Sankt Petersburg, Sotschi, Surgut, Syktyvkar, Tjumen, Ufa, Wladiwostok und Wolgograd.

Die zweite große russische Fluggesellschaft ist das Staatsunternehmen Rossija, das erst 2006 aus einer Fusion der Sankt Petersburger Airline Pulkowo (damals die Nummer drei des russischen Airlinemarktes) und dem alten Flugunternehmen Rossija hervorgegangen ist. Bedingt durch die Muttergesellschaften hat die Airline mit Sankt Petersburg und dem Flughafen Moskau-Wnukowo zwei Drehkreuze mit zahlreichen Umsteigemöglichkeiten von Flügen aus Mitteleuropa nach ganz Russland. Rossija ist übrigens die Gesellschaft zu der die Iljuschin II-96 - das Gegenstück zur amerikanischen Air Force Number One - die persönliche Maschine des russischen Präsidenten gehört. Rossija hat einen wesentlich höheren Anteil von Maschinen der russischen Marken Tupolew und Iljuschin als die Aeroflot.

Die Ticketpreise der Rossija liegen im Schnitt etwas unter denen von Aeroflot. Die Gesellschaft fliegt ab Berlin, Frankfurt a. M., Hamburg, Hannover, München, Prag /CZ, Zürich / CH über Moskau oder Sankt Petersburg nach Anapa, Archangelsk, Barnaul, Blagoveschensk, Bratsk, Chabarovsk, Cheljabinsk, Irkutsk, Jakutsk, Jekatarinburg, Kaliningrad (Königsberg), Kemerovo, Krasnodar, Krasnojarsk, Mineralnye Vody, Murmansk, Nadym, Nizhnevartovsk, Novosibirsk, Novy Urengoy, Norilsk, Omsk, Perm, Petropavlovsk-Kamtschatski,

Rostow am Don, Samara, Sotschi, Surgut, Syktyvkar, Tomsk, Tjumen, Ufa, Wladiwostok und Wolgograd.

Die kleinen Russen

In kaum einem Land gibt es so viele Fluggesellschaften wie in Russland und es soll hier gar nicht versucht werden, annähernd alle abzuhandeln. So werden wir uns auf einige beschränken, die Flüge nach Mitteleuropa anbieten.

Für alle kleinen inländischen russischen Fluggesellschaften - bis auf eine - gilt: Sie fliegen praktisch ausschließlich mit älteren russischen Maschinen und die Flüge sind somit nichts für ängstliche Zeitgenossen.

Es bleibt wohl den Mutigeren überlassen, ob sie sich etwa einer Gesellschaft mit Flugzeugen mit dem Charme eines 70er Jahre Reisebusses anvertrauen wollen.

Fremdsprachenkundige Stewardessen sollte man nicht unbedingt erwarten, auch nicht auf den Auslandsflügen.

Eine Ausnahme ist Transaero mit Heimatflughafen Moskau-Domodedowo, eine Neugründung von 1991 unter Beteiligung der Air France, die sich seit Beginn von anderen russischen Linien durch einen westlichen Flugzeugpark abhebt (fliegt ab Berlin, Frankfurt a. M., Luxemburg und Straßburg nach Moskau und von dort weiter in die gängigen o. g. russischen Ziele). Bereits seit 1991, als die Stewardessen bei Inlandsflügen von Aeroflot noch den Charme und die Optik von Bauarbeiterinnen hatten, waren Transaerohostessen freundlich, hübsch und beherrschten auch bei Inlandsflügen eine Fremdsprache. Die günstigeren Plätze dieser Gesellschaft sind oft weit im Vorfeld der Flüge ausgebucht.

Es werden hauptsächlich im Sommer Flüge kleinerer Gesellschaften für in Deutschland lebende Russen oder Spätaussiedler angeboten. Orenburg Airlines fliegt seit Mai 2009 nach Deutschland (Düsseldorf und Hannover). Von Düsseldorf aus werden im Sommer Barnaul, Cheljabinsk und Omsk angeflogen.

Orenair bietet damit strategische Direktverbindungen in Städte der Uralregion als Alternative zu den Umsteigeverbindungen der großen russischen Gesellschaften via Moskau und Sankt Petersburg an. Saravia von Hannover und Frankfurt a. M. nach Saratow, UTAir von München nach Tjumen und Ural Airlines von München nach Jekaterinburg.

Fliegen über Tschechien, Polen und das Baltikum

Vom Geheimtipp zum häufig genutzten Reisemittel hat sich der Flug nach Osteuropa mit der tschechischen Fluggesellschaft CSA gewandelt. Die CSA bietet eine große Anzahl von Verbindungen aus deutschen und österreichischen Flughäfen über Prag nach Russland und in andere osteuropäische Staaten. Wer in einem tschechischen Flieger von Prag gen Osten sitzt, wird merken, dass hier ein höherer Anteil Deutscher sitzt, als in so manchem russischen Flieger, der direkt in Mitteleuropa in die Russische Föderation startet.

Service und Flugzeugbestand der Tschechen entsprechen schon seit vielen Jahren westlichem Niveau - alte Tupolew-Jets wird man hier nicht finden. Das Umsteigen im überschaubaren

Drehkreuz, dem Flughafen Prag-Ruzyne ist unkompliziert. Englisch wird selbstverständlich als Standardsprache vom Service- und Bodenpersonal sehr gut beherrscht. Die Preise haben sich dem westlichen Niveau in den letzten Jahren angepasst, weshalb häufig Angebote von Air Berlin, Lufthansa und insbesondere Austrian Airlines günstigere Alternativen sind.

Die CSA ist - wie die Aeroflot - Mitglied des Allianz Skyteams. Die CSA fliegt in Deutschland ab Berlin, Düsseldorf, Frankfurt a. M., Hamburg, Hannover, Köln, München und Stuttgart, in Österreich ab Wien, in der Schweiz ab Zürich, in der Tschechisch-Deutschen Grenzregion ab Karlsbad (Karlovy Vary) nach Moskau, Jekaterinburg, Samara und Sankt Petersburg.

Die größte polnische Fluggesellschaft LOT ist weniger um einen Flughafen konzentriert und in der Werbung um Tickets nach Russland passiver als die CSA, weil sie über weniger Flüge in das Land verfügt. Doch auch hier lohnt sich die Frage nach Via-Angeboten bei Reisen nach Kaliningrad (Königsberg) und Moskau (einzige von der LOT angeflogene Destinationen in Russland), denn in Bezug auf die Flugzeugflotte und den Umsteigebetrieb besteht eine große Ähnlichkeit mit den Tschechen. Die LOT fliegt ab Berlin-Tegel, Düsseldorf, Hamburg, Frankfurt a. M., München, Stettin (Polen), Wien und Zürich. Flüge nach Moskau gibt es nur vom Hauptdrehkreuz Warschau.

Seit dem Jahr 2007 drängt AirBaltic auf den Markt nach Osteuropa. Über deren Hauptdrehkreuz Riga / LV (bzw.

manchmal Vilnius / LT) wird von allen großen deutschen Flughäfen (u. a. Berlin, Düsseldorf, Frankfurt a. M., München sowie Zürich / CH und Wien / A) Kaliningrad (Königsberg), Moskau und St. Petersburg angesteuert. Zudem werden weitere Ziele in den ehemaligen Republiken der UdSSR angeflogen, wie bspw. Erivan in Armenien, Taschkent in Usbekistan, Dushanbe in Tadschikistan und Minsk Weißrussland.

Fluggepflogenheiten in Russland

Keine Angst, in russischen Flugzeugen - auch bei Inlandsflügen – ist eigentlich nichts anders, als in nichtrussischen, außer dass dem Kapitän bei der Landung - wie bei Charterflügen weit verbreitet - nicht applaudiert wird.

Von der Hoffnung auf ein Flugzeug der Marken Airbus oder Boeing sollte man sich außer bei Transaero bei Inlandsflügen verabschieden. Eventuell nach dem Jahr 2012, wenn die Aeroflot ihren ganzen Bestand auf moderne Jets umgestellt haben will, könnte sich einiges ändern.

Flughäfen in Russland

Hier sind nun einige Worte zu den drei Moskauer Flughäfen anzumerken. Der traditionsreichste Moskauer Flughafen ist Moskau-Scheremetjewo (oft in der englischen Transliteration Sheremetyevo geschrieben) mit rd. 15 Millionen Passagieren pro Jahr.

Scheremetjewo ist das Hauptquartier und Drehkreuz der Aeroflot. Von der Internetzeitung Aktuell.ru wird er mit folgendem Satz treffend beschrieben: "Der bedeutendste internationale Flughafen Russlands ist ein markantes Beispiel dafür, wie ein moderner Airport nicht aussehen sollte."

Die beiden alten Abfertigungshallen sind im Vergleich zu westlichen Flughäfen vergleichbarer Metropolen nicht sehr groß, jedoch – was eine verbreitete russische Eigenart ist - sehr weit auseinander (ca. 5 km). Es ist unmöglich vom internationalen Teil des Flughafens (Scheremetjewo II) zum nationalen (Scheremetjewo I) mit Gepäck zu Fuß zu kommen. Sie befinden sich an den gegenüberliegenden Enden des Rollfeldes. Für Aeroflot-Kunden wird ein Gratis-Shuttlebus eingesetzt und mittlerweile gibt es auf beiden Flughafenteilen gut sichtbare Transferschalter und Haltestellen. Ticket zeigen und ab geht die Gratisreise - wenn man mit der Aeroflot gekommen ist und mit ihr weiterfliegt. Die leichte Auffindbarkeit des Shuttlebusses war übrigens nicht immer so, noch vor ein paar Jahren musste man bei Scheremetjewo I eine wahre Odyssee durchleben, bis man jemanden fand, der einem erklären konnte, wo der Shuttlebus denn nun - ohne jede Haltestellenmarkierung - zu finden war.

Das Gepäck wird ausgecheckt und man darf es - auch als Aeroflot-via-Flieger - selber im Shuttlebus mitnehmen und im anderen Teil wieder einchecken. Die Alternative für die Nicht-Shuttlebus-Berechtigten ist nicht zu übersehen, wenn auch schlecht für den Geldbeutel: Ein Heer an Taxis (von in Moskau lebenden Ausländern gerne "Taxi Mafia" genannt) stürmt in einem riesigen Rudel gerade auf ausländisch aussehende Fluggäste beim Verlassen von Scheremetjewo II ein. Sie schrecken vor nichts zurück und deshalb sei hier dringend empfohlen, vor der Benutzung des Taxis alle Tipps zum Taxifahren aus diesem Ratgeber zu beachten. Generell sollte jeder, der ab dem Flughafen Taxifahren vermeiden kann, lieber kein Taxi nehmen. Die Fahrt von Scheremetjewo II zu Scheremetjewo I zählt neben der Fahrt von dort in die Innenstadt zu den absoluten Rekordstrecken bei Meldungen über gigantische Taxipreise pro Kilometer in Moskau (90,00 EUR für 5 km sind von Reportern bestätigt).

Das Zentrum der Stadt ist etwa 30 Kilometer entfernt. Es führen zwei Buslinien zu den nächsten Metro-Stationen Planernaja (violette Linie) und Retschnoi Woksal (grüne Linie). Von der Bahnstation „Lobnja" gibt es einen kostenlosen Shuttle -Bus, vom Bahnhof Sajolowo einen „Airport-Express". Doch hier gilt Vorsicht, denn dieser fährt zum nationalen Flughafen Scheremetjewo I und es sei hier nochmals an die fünf Kilometer von dort zum internationalen Terminal Scheremetjewo II erinnert. Am Bahnhof Retschnoi Woksal sollte man keine Taxis wählen, denn hier ist der „Nepp" stadtbekannt.
Eine Alternative zu den Taxis und Linienbussen, die Reisenden ohne Russischkenntnisse ja auch nicht immer behagen, sind sogenannte „Marschrutkas" - Sammeltaxis im Linienverkehr für 8 - 12 Personen. (Mehr Informationen zu diesem Transport-mittel im Busteil unseres Ratgebers.). Für die Buslinien gibt es eine extra Fahrspur von Scheremetjewo bis zur Metrostation Retschnoi Waksal. Damit ist es jetzt das schnellste Verkehrsmittel vom Flughafen zur Stadt geworden.

Bei der Fahrt in die Stadt mit dem Auto sind allgemein

Stauzeiten einzurechnen, die den Weg in die Stadt um einiges verlängern. Im Flughafen selbst ist die Pass- und Zollkontrolle im Vergleich zum Westen etwas zeitaufwendig – (Domodedowo hatte den europaweit ersten „Nacktscanner"!). Der Gepäckwagen kostete bis zum Jahr 2002 Bares und war überall - mit den dazugehörigen Gepäckmännern - verfügbar. Seit 2003 sind die Gepäckwagen gratis und oftmals verschwunden. Abhilfe bei einigen Unzulänglichkeiten von Scheremetjewo soll ein hypermoderner Terminal Scheremetjewo III verschaffen, doch es bleibt abzuwarten, ob die im internationalen Vergleich schlechten Verhältnisse an diesem Flughafen sich damit ändern. Scheremetjewo ist bekannt für den weltweit größten Duty-Free-Bereich eines Flughafens, der sich preislich jedoch für Russlandurlauber nicht rentiert. Er ist vor allem ein Mekka für Umsteigeflieger nach und aus Fernost - oder anders gesagt Russlands Japaner-Treff Nummer eins.

Im Übrigen soll die alte sowjetische Bezeichnung von Scheremetjewo I bis III in den nächsten Monaten an die internationalen Bezeichnungen von A - Z angepasst werden.
Der größte - aber im Verständnis vieler Moskauer der „zweite" - Moskauer Flughafen heißt Domodedowo. In den 1980ern als Inlandsflughafen der größte Moskaus, war er seit den 1990ern von sinkender Bedeutung bis der Flugverkehr in Domodedowo seit dem Millennium einen erneuten Aufschwung genommen hat (aktuell ca. 21 Millionen Fluggäste pro Jahr). Neben einer allgemeinen Zunahme des innerrussischen Flugverkehrs ist eine weitere Ursache der viel bessere Service des Flughafens. Im Gegensatz zu Scheremetjewo gibt es von Domodedowo den Expresszug mit europäischem Standard „Aeroexpress" ins

Stadtzentrum. In vierzig Minuten fährt er nonstop nach Moskau, alle halbe Stunde zum Pawelezer Bahnhof und dreimal täglich zum Kursker Bahnhof. Linienbusse und Marschrutkas fahren zur Metrostation Domodedowskaja, die Autobahn M4 führt ebenfalls in die Stadtmitte. Der Flughafen ist supermodern, tadellos sauber und das Personal sowie die Beamten in Uniform sind viel freundlicher als in Scheremetjewo. Der Flughafenexpress entspricht westlichem Standard, ist schnell, sauber und absolut pünktlich.

Flughafen Nummer drei von Moskau ist Wnukowo mit 9,5 Millionen Passagiere pro Jahr, der wie Scheremetjewo etwa 30 Kilometer von der Stadtmitte entfernt liegt. Wnukowo ist älter und etwas kleiner als die beiden anderen Flughäfen und hat hauptsächlich als Drehkreuz der Gesellschaft Rossija und als Ziel der Germanwings-Flüge Bedeutung. Wnukowo ist ebenfalls absolut modern und sauber, wobei das Personal nicht ganz so freundlich ist wie bei Domodedowo. Auch Wnukowo verfügt über eine Anbindung ans Stadtzentrum (Kiewer Bahnhof) durch einen Aeroexpresszug. Neben Marschrutkas und Taxis führt der Bus 611 zur Metrostation Jugo-Sapadnaja.

Wer ohne Hilfe von einem Moskauer Flughafen zu einem anderen muss, dem empfehlen wir über die oben beschriebenen Wege das Moskauer Metronetz anzusteuern und durch dieses, um zum Anschlussflug zu gelangen. Bei Flügen in das russische Hinterland ist es besser mit einer Gesellschaft bis und ab Moskau zu fliegen, wodurch ein Flughafenwechsel entfällt oder durch Serviceleistungen der Gesellschaft sichergestellt wird.

Der Flughafen von Sankt Petersburg heißt und ist Drehkreuz der zweitgrößten russischen Fluggesellschaft Rossija. Wie bei Moskau-Scheremetjewo ist nationaler und internationaler Terminal sehr weit voneinander weg und der Transfer zu Fuß samt Gepäck nicht zu bewältigen. Rossija bietet für Transferkunden einen Pendelbus zwischen den Airports und bei längerer Umsteigezeit einen kostenlosen Hotelaufenthalt (einfache Klasse) mit Gratis-Bustransfer. Wartezeiten auf den Gratis-Bus von etwa 30 Minuten sind jedoch nicht ausgeschlossen. So genannte „Transfer-Agenten", die beim Umsteigen unterstützen, findet man im ersten Stock des nationalen Flughafens und in der letzten Halle vor dem Ankunftsterminal international. Ohne diesen Service muss man zum Transfer in Sankt Petersburg ebenfalls auf Linienbusse, Marschrutkas oder Taxis zurückgreifen, was nur etwas für Russlandreisende entweder mit Erfahrung oder mit Russischkenntnissen und Studium der entsprechenden Passagen in diesem Buch ist. Stressfreier fliegt man wie in Moskau, wenn man mit der gleichen Gesellschaft ankommt und weiterfliegt. Einen automatischen Gepäcktransfer gibt es nicht, wer solche Serviceleistungen schätzt, muss außerhalb von Russland umsteigen (z.B. in Prag).

Zu den Flughäfen der anderen Metropolen hier nur einige allgemeine Worte. Große Entfernungen zwischen nationalem und internationalem Bereich sind in vielen Flughäfen weit verbreitet. Die Flughafenhallen von Millionenstädten außerhalb Moskaus und St. Petersburg sind allerdings meistens klein und fremdsprachiges Personal am Informationsschalter eher die Ausnahme. Flughäfen von Städten unter der Millionenschwelle sind oft kleinere Flugplätze, die sanitären Einrichtungen sind im reinen Passagierbereich besser als im öffentlichen Bereich.

Die verkehrsreichsten Flughäfen nach den oben beschriebenen sind die von Jekaterinburg (Kolzowo), Nowosibirsk (Tolmatschowo) und Samara (Kurumotsch). Da innerhalb Russlands viel mehr Leute mit der Bahn fahren, als mit dem Flugzeug unterwegs sind, ist das modernste Verkehrszentrum in vielen Städten der Hauptbahnhof.

Fliegen mit Kleinkindern

Die im Westen verordnete Regel, dass Passagiere mit Babys zuerst einsteigen, existiert in Russland nicht. Allerdings trifft man bei vielen Russen auf eine natürliche und unverordnete Freundlichkeit, wenn man am Flughafen oder im Flugzeug mit kleinen Kindern unterwegs ist, und wird vorgelassen.

Gerne werden die Kinder sogar mit unterhalten oder beschäftigt. Kinderfreundlichkeit trifft man in Russland viel häufiger als im Westen.

Fliegen mit Kampfjets

Diese Flugvariante wurde durch den Überfall Georgiens auf Südossetien 2008 ausgesetzt und ist seitdem verboten.

Unterwegs auf Asphalt

Man kann heutzutage problemlos in Russland ein Fahrzeug mieten. An allen internationalen Flughäfen befinden sich Schalter von Avis, Budget etc. In den großen Städten befinden sich Mietbüros auch im Zentrum der Stadt.

Auto

Hier soll es jedoch zuerst um Reisen von Westeuropa quer durch Russland gehen.

Autoreisen sind im Gegensatz zu früher viel einfacher geworden. Die Straßenregeln wurden mittlerweile an Europa angepasst. Insbesondere die Transitstraße von Petersburg nach Moskau verfügt über einen Schilderwald, der Europa in nichts nachsteht. Je weiter man nach Osten fährt, um so mehr ist die Zeit stehen geblieben. Es soll nichts verharmlost werden. Eine Reise von mit Mitteleuropa nicht vergleichbaren Langstrecken über das osteuropäische Straßensystem ist kein Trip, zu dem man ohne Erfahrung und Vorbereitung losfahren sollte. Eine Reisebegleitung mit Russischkenntnissen ist zu empfehlen, die Kenntnis der kyrillischen Schrift und ein paar rudimentäre Brocken Russisch ein Muss. In den Ballungszentren wird mittlerweile genauso geblitzt wie in Westeuropa.

Eine ausreichende Vorabplanung der Route und der Besorgung von Kartenmaterial ist unabdingbar. In den Weiten Russlands sind einigermaßen Englisch oder Deutsch sprechende Menschen sehr schwer zu finden. Das gilt auch in Großstädten und selbst an Plätzen, wo man es nicht für möglich hält, dass hier keiner wenigstens Englisch kann (z.B. in unmittelbarer Umgebung von Touristenmagneten). Zwar werden Englisch und Deutsch (die beiden bedeutendsten Fremdsprachen in Russland) an vielen Schulen unterrichtet, doch hat durch die weit entfernten Außengrenzen fast niemand Sprachpraxis und schon ein paar Jahre nach der Schule ist alles vergessen. Menschen über 40, die bis in die 90er Jahre hinein in der Schule waren, verstehen außer Russisch fast durchgehend gar nichts.

Die Planung

Man sollte sich bei einer Autoreise in dieses Riesenland einige Sachen überlegen, die hier in einer Checkliste zusammengestellt sind:

- Kann jemand im Auto genug Russisch, um nach dem Weg zu fragen und die Antwort zu verstehen
- Kann jemand im Auto genug Russisch, um Defekte am Fahrzeug beschreiben zu können oder ersatzweise solche Defekte selbst reparieren
- Kann der Fahrer die kyrillische Schrift so gut, dass er Straßenschilder auf einen Blick lesen kann - bei einer Entzifferungszeit von fünf Minuten ist im Stadtverkehr meist alles zu spät
- Ist die Reiseroute geplant und die Unterkunft organisiert (letztes ist für Abenteurer kein muss).

In Bezug auf Pannen liest man in Russland-Reiseberichten am häufigsten Erfahrungen, die der Betreffende am liebsten vermieden hätte.

Der Euro-Schutzbrief von Automobilclubs gilt mittlerweile auch in Russland. Partner ist entweder irgendein russischer Automobilclub oder aber der Schutzbrief beschränkt sich in Russland auf einen Kostenerstattungsanspruch (beim Club fragen). Hilfe über diesen Weg braucht jedoch außerhalb der Ballungszentren sehr, sehr viel Zeit (viel mehr als im westeuropäischen Ausland). Wenn es überhaupt dazu kommt, da in Russland Automobilclubs bei Weitem nicht so verbreitet sind wie in Mitteleuropa.

Man kann in jeder Großstadt ab 500.000 Einwohner mit einer Vertragswerkstatt aller großen und in Russland verbreiteten Automarken rechnen; in Städten, die deutlich unter dieser Schwelle liegen (auch Großstädten) sucht man nach derartigen Werkstätten meist vergebens.

Zum Ausgleich für die niedrigere Vertragswerkstatt- und Profihilfe gibt es in Russland jedoch weitaus mehr Wissen bei vielen Autofahrern über die Behebung von Mängeln bis hin zu semiprofessionellem Können; es gibt viele kleine Werkstätten mit Talent zur Improvisation; auch die Hilfsbereitschaft ist vor allem weitab von Großstädten größer als in Westeuropa.

Es stellt sich natürlich noch die Frage, welche Automarken in Russland 2012 auf den Straßen fahren. Mittlerweile werden fast alle Weltmarken in Russland vor Ort produziert. In der Provinz weit ab von Ballungszentren sieht man noch viele Ladas. In Moskau sind sie fast aus dem Straßenbild verschwunden. Weit verbreitet sind Skodas und die größten deutschen Automarken wie VW, Audi, Mercedes, Opel und Ford sowie die großen japanischen Marken wie Toyota und Mitsubishi. Zur beliebten Marke aus heimischer Produktion gehört der Geländewagen Patriot.

Weniger häufig gefahren und problematisch bei der Beschaffung von Ersatzteilen außerhalb der Großmetropolen sind französische, italienische, spanische und amerikanische Marken. In Russisch Fernost dominieren ganz deutlich japanische Automarken. Wer Land, Leute und die Sprache nicht sehr gut kennt, sollte auf viel befahrenen Hauptstraßen bleiben. Wer überhaupt keine Russland- oder Osteuropa-Langstreckenerfahrung besitzt, sollte es sich sehr genau überlegen, ob er nicht lieber gefahrloser mit der Bahn, dem Flugzeug oder mit dem Bus ans Ziel kommt. Autos egal welcher Marke, aber ohne Elektronik, kann fast jeder russische Mann im hintersten Dorf flicken. Also lieber auf Fahrzeuge mit viel Elektronik außerhalb der großen Städte verzichten.

Versicherung und Führerschein

Unerlässlich, weil für die Einreise mit dem Auto gefordert, ist in jedem Fall der ausreichende Versicherungsschutz für das Kraftfahrzeug. Die grüne Versicherungskarte gilt in Russland nicht. An der Grenze muss seit 2003 eine spezielle Autohaftpflicht abgeschlossen werden. Die Kosten dafür schwanken nach Autotyp und Aufenthaltsdauer und betragen z.B. für zwei Wochen mit einem 100-PS-Auto etwa 40 Euro.

Seit 2003 ist für russische Autofahrer eine Haftpflichtversicherung Vorschrift und die Informationen aus älteren

Reiseberichten, russische Autos fahren ohne Versicherungsschutz durch die Landschaft, stimmen nicht mehr. Die Übersetzung des Fahrzeugscheins auf Russisch ist keine Vorschrift, aber hilfreich im Umgang mit Fremdsprachen unkundiger Polizei. Wer mit dem eigenen Auto ein- und ausreist, muss das auf seinem Visumantrag vermerken. Bei manchen mitteleuropäischen Autoversicherungen sind Schäden in Russland nicht abgedeckt. Man sollte sich vor seiner Reise bei der Versicherung erkundigen. Das Auto, mit dem man einreist, im Land zu lassen z.b. als Geschenk für russische Bekannte ist nicht möglich, da ein sehr hoher Zoll fällig wird.

Ein internationaler Führerschein ist zur Führung eines Autos in Russland erforderlich. Man bekommt ihn bei der örtlich zuständigen Führerscheinstelle mit einer Wartezeit von wenigen Wochen, manchmal schneller. Eigentlich gilt er nur in Verbindung mit dem nationalen, aber da nur der internationale Führerschein auch russischen Text enthält, muss man meist nur diesen vorzeigen.

Bei Fahrten mit westlichem Kennzeichen muss man sich auf viele Kontrollen einstellen, in deren Zentrum das meist verständnisarme Durchwühlen der Fahrzeugpapiere steht. Beim Führen eines russischen Autos, das jemand anderem gehört, benötigt man ein spezielles Papier vom Fahrzeughalter. Welches das ist, ist den einheimischen Russen bekannt. Zum deutschen TÜV gibt es in Russland ein Gegenstück, das jedoch zum Teil Formsache und von Korruption unterwandert ist. Es fahren also immer noch genug verkehrsunsichere russische Autos durch die Gegend. Dies sollte man bei der eigenen Fahrweise bedenken.

Tanken in Russland

In vielen Gegenden gibt es eine altertümlichere Form der Tankstelle.

Man geht erst zur Kasse und sagt dort, wie viel Liter man an welcher Zapfsäule kaufen will und zahlt. Hierauf wird an der Zapfsäule die entsprechende Anzahl Liter freigegeben und läuft in den Tank. Achtung! Die Liter laufen aus dem Zapfhahn, auch wenn in den Tank gar nichts mehr hineinpasst. Die berühmte Abschaltautomatik gibt es an alten Tankstellen nicht! So mancher Fahrer stand schon in einem Benzinsee. Es ist sehr wichtig, dass man genau das aktuelle Fassungsvermögen des Fahrzeugtanks kennt. Falls etwas daneben läuft, wird aus bereitstehenden Sandkisten Sand darüber gekippt.

An mittleren und großen russischen Tankstellen gibt es fünf Sorten Benzin mit folgenden Bezeichnungen (in Klammern dahinter die von Mitteleuropa gewohnten Namen):

A98 (auch AИ198, Super plus bleifrei)

A95 (Super verbleit, auch AИ95),

An (Normal verbleit, auch AИ92),

A76 (auch AИ76 in Mitteleuropa nicht erhältlich; für bestimmte russische Marken),

Я (kyrillisch) J, -Diesel).

Elektroautos sollte man vergessen! Es gibt dafür weder Tankstellen noch sind diese Fahrzeuge für das riesige Land in absehbarer Zeit eine Option.

Das Netz an bleifreien Tankstellen ist wesentlich grobmaschiger, als im östlichen Mitteleuropa und weitab von den Metropolen kann man nicht mehr von einem Netz reden. Idealerweise reist man durch Russland mit einem Dieselfahrzeug, denn Diesel gibt es wirklich überall. Alternativ geht ein Benziner, der verbleites Benzin ohne Schäden verträgt. Das Erfreulichste am Tanken in Russland soll jedoch nicht verschwiegen werden: der Benzinpreis. Er beläuft sich auf etwa die Hälfte des mitteleuropäischen Niveaus. Wird jedoch von Jahr zu Jahr für die Einheimischen teurer.

Berichte über furchtbare Verhältnisse der sanitären Einrichtungen russischer Raststätten sind wahr. Ein Klohäuschen mit einziger Inneneinrichtung "Loch im Boden" ist vielerorts Realität. Angenehmer ist es, am Straßenrand anzuhalten und den Wald aufsuchen. Westlicher ist da schon das Warensortiment an den größeren Tankstellen, das längst nicht mehr nur Automobilbedarf umfasst. Allerdings, wer von Petersburg nach Moskau fährt, wird angenehm überrascht werden.

Insbesondere Gaspromtankstellen und Lukoiltankstellen können wir empfehlen. Der Kaffee ist gut und die Toiletten meistens in akzeptablem Zustand.

Russische Straßen

Sind so schlecht, wie ihr Ruf. Nicht überall, aber oft und selbst auf Hauptverbindungsrouten über sehr weite Entfernungen. Die Straßenqualität wechselt abschnittsweise - hier mal ein frisch ausgebessertes Stück mit 100 km fast Westniveau und dann macht es „zack" und man befindet sich übergangslos auf einigen Hundert Kilometern Schlaglochfahrbahn. Vor Nachtfahrten auf unbekannten Strecken sei gewarnt. Gegenstände auf der Fahrbahn und sehr tief liegende Kanaldeckel sind keine Seltenheit und man sollte selbst auf Hauptstrecken deshalb immer vorausschauend fahren. Alle Beschilderungen außerhalb von Moskau und Sankt Petersburg sind ausschließlich in kyrillischer Schrift. Einzige Ausnahme die Magistrale Petersburg-Moskau, die durchgehend auch in Lateinisch beschriftet ist.

Es werden vier Straßentypen unterschieden, doch ein bestimmter Straßentyp ist keine Garantie für einen gewissen Ausbaugrad der Verbindung. Der Straßentyp kann nur als Richtschnur für die durchschnittliche Straßenqualität dienen, die rund um diesen Mittelwert nach oben und unten schwankt. Die oberste Straßenordnung sind Magistralen (erkennbar am Buchstaben M vor der Straßennummer). Sie stellen so etwas wie die russischen Autobahnen dar, sind aber außerhalb der Umgebung großer Städte nicht immer vierspurig.

Der Vergleich zu westlichen Autobahnen funktioniert nicht, weil auf ihnen Radfahrer und Pferdefuhrwerke genauso unterwegs sind, wie auf den niedriger gruppierten Straßen. Am Magistralennetz wird an vielen Orten Russlands gebaut, sodass der Anteil der wirklich vierspurigen M-Straßen in den nächsten Jahren langsam steigt. Magistralen führen oft mitten durch Dörfer oder Städte und haben dort Gehsteige und Zebrastreifen. Magistralen in Ortschaften sind einer der beliebtesten Standorte der Straßenpolizei mit angelegter Radarpistole, da die vierspurige Durchquerung einer Ortschaft zu überhöhter Geschwindigkeit verleitet, was aber nicht erlaubt ist. Es gilt das Tempolimit innerorts, auch dann, wenn es kein Schild dafür gibt!

Für Magistralen und alle anderen Straßen gelten: In Russland gibt es keine Autobahngebühr! Einzige Ausnahme zurzeit, ein Autobahnstück bei Woronesch Richtung Süden. Der nächste Straßentyp sind die föderalen Straßen (Gegenstück zu den deutschen Bundesstraßen), gekennzeichnet mit dem Buchstaben A vor der Nummer. Diese sind in der direkten Umgebung von Metropolen manchmal vierspurig, ansonsten jedoch zweispurig und immer geteert und mit fast immer markierter Fahrspur. An M- und A-Straßen befinden sich regelmäßig mittlere und große Tankstellen. A-Straßen verbinden Großstädte, zwischen denen es keine Magistrale gibt. Die nächstniedrigere Ordnung sind die regionalen Fernstraßen, "Territoriale" genannt.

Diese sind fast immer zweispurig, manchmal mit Überholspur bergauf ausgebaut und immer asphaltiert. Territorialen - mit dem Buchstaben P (kyrillisch für "R") gekennzeichnet - sind oft in schlechtem Zustand und verbinden große und mittlere Städte. Alle Straßen, die nicht mit M-, A- und P- bezeichnet sind, kann man unter "Nebenstraßen" zusammenfassen. Diese sind zwei- oder einspurig, immer asphaltiert, oft mit sehr vielen Schlaglöchern versehen.

Teilweise sind sie nur wenig befahren und von der Benutzung in einsamen Gegenden, die man nicht kennt, ist Nichtexperten oder Offroadern abzuraten. Wie gesagt, dies ist kein verbindlicher Katalog, sondern eine Richtschnur.

Die Magistralen haben neben ihrer Nummerierung oft Namen

und verdienen es, näher vorgestellt zu werden, da man auf ihnen das ganze Land durchqueren kann:

Nummer	Name	Route
1	Belarus	Moskau - Smolensk
2	Krim	Moskau – Belgorod
4	Don	Moskau – Krasnojarsk
5	Ural	Moskau – Jekaterinburg
6	Kaspi	Moskau – Eliste
7	Wolga	Moskau – Perm
8	Cholmogory	Moskau – Sewerodwinsk
9	Baltija	Moskau - Riga
10	Rossija	Moskau – Nowgorod
11	Narwa	Petersburg – Tallinn
18	Kola	Petersburg – Murmansk
20	--	Petersburg – Witebsk
51, 53, 55	Bajkal	Tscheljabinsk - Tomsk
52	Tschjski Trakt	Nowosibirsk – Gomo
54	Jennisej	Krasnojarsk – Mongolei
60	Usuri / Wostok	Tschita - Wladiwostok

Verkehrsregeln

Wer die kyrillische Schrift kann, versteht alle Hinweisschilder in Russland. Sofern es welche gibt. Die am Besten ausgeschilderte Fernstraße ist Moskau – Petersburg. Die Hinweise weichen mittlerweile praktisch nicht mehr von der Symbolik der westlichen Verkehrszeichen ab.

Wo noch alte Schilder stehen, erklären sie sich in diesen Fällen jedoch von selbst. Reine Textzeichen sind außer bei Wegweisern selten. In Russland gilt wieder absolute Alkoholabstinenz am Steuer, das heißt 0,0 Promille (auf Restalkohol achten!). Es wurde mal vorübergehend für einige Jahre abgeschafft, endete aber im Chaos. Das Tempolimit beträgt im Ort 60 km/h ab dem Ortsschild, außerorts 90 km/h und auf Autobahnen 100 km/h. Wer seinen Führerschein noch keine zwei Jahre hat, darf nicht schneller als 70 km/h fahren.

Grundsätzlich gilt eine Gurtpflicht, die jedoch von den Einheimischen wesentlich weniger eingehalten wird als in Deutschland. Für Kinder bis 12 Jahre ist ein Kindersitz Vorschrift.

Parken ist in Russland meistens das kleinste Problem. Selbst mitten in Metropolen und direkt vor international bekannten Touristenattraktionen findet man einen kostenlosen Parkplatz. Die Strategie der Verbannung von Autos oder Abzockerei von Parkplatzsuchern wird in Russland (noch) nicht angewandt, einzige Ausnahme bildet Moskau.

Hier sollte man besonders am Abend sein Auto nicht in Parkverbote stellen, sonst kann man es am nächsten Morgen auf einem Parkplatz der Stadtverwaltung wiederfinden (allerdings nach vielen Stunden und durch Bezahlung von mindestens 70

Euro). Zebrastreifen gibt es in Russland sehr häufig und das mancherorts zu lesende Vorurteil, sie würden dort hauptsächlich zur Dekoration der Straßendecke dienen, ist nicht zutreffend. Sehr wohl hat man Fußgänger über den Zebrastreifen zu lassen. In Moskau wird tatsächlich seit 2 Jahren gebremst. Trotzdem sollte man sich als Fußgänger nicht unbedingt darauf verlassen, dass einheimische Autofahrer die Bedeutung des Zebrastreifens respektieren.

Bei Fahrten tagsüber müssen die Scheinwerfer, egal bei welchem Wetter, immer auf Standlicht eingeschaltet sein. An Polizeiposten darf nur mit Schritttempo vorbeigefahren werden, nachts ist das Licht auf Standlicht zu dimmen. Die Polizei will sich die Kontrolle mit dem Winken erleichtern und nachts nicht von Scheinwerfern geblendet werden.

Die Polizei

Aus der Miliz wurde im Jahre 2011 die Polizei. Das ist fein, weil irgendjemand sich an den neuen Beschriftungen sicherlich eine goldene Nase verdient hat. Ansonsten ist aber alles beim Alten geblieben.

Gegenüber der Polizei verhält man sich freundlich, nicht nur aus Höflichkeit. Die Macht der Polizei ist wesentlich größer, als man das von der westlichen Polizei gewohnt ist. Ihr beliebtes Auftreten mit Radarpistolen an Ortsdurchfahrten von Magistralen wurde ja schon zuvor erwähnt. Weiter nicht unbedingt gerne gesehen, aber gerade dort gerne stehend, sieht man sie an Plätzen mit undeutlichen Verkehrsregeln, um ein paar Bar-Bußgelder einzutreiben. Nur in Moskau und dem Moskauer Gebiet wurden sie zum Teil durch Kameras ersetzt.

Der Ruf der Polizei ist bei den Russen sehr schlecht. Nach herrschender Meinung wird von der Polizei viel kassiert und viel in die eigene Tasche gesteckt, was nach dem Straßenverkehrsrecht nicht zulässig ist.

Viel besser als in Mitteleuropa funktioniert in Russland die Warnung vor den Straßenkontrollen.

Das internationale Zeichen "Lichthupe" warnt vor den allermeisten Kontrolleuren schon mehrere Kilometer im Voraus. Hier sind die einheimischen Verkehrsteilnehmer äußerst hilfsbereit. Die häufigsten Kontrollen finden jedoch nicht aufgrund von Verkehrsverstößen statt, sondern zur Durchsicht der mitgeführten Papiere für Personen und Fahrzeuge. Zu diesem Zweck befindet sich an jeder Ein- und Ausfahrt von Großstädten ein Posten, an dem stichprobenartig Autos zur Dokumentenkontrolle herausgewunken werden. Doch wenn die Papiere stimmen, hat man nichts zu befürchten und gilt hinter Moskau als ausländischer Autofahrer als interessantes Unikum.

Die Polizei darf theoretisch keine Strafe mehr einfach in bar eintreiben. Wenn man tatsächlich im Unrecht ist und seine Reise nicht für ein paar Tage unterbrechen möchte, sollte man Dispute nicht auf die Spitze treiben.

Übrigens gibt es in Russland ebenso wie in den mitteleuropäischen Staaten außer der Verkehrspolizei noch andere Polizeieinheiten, denen Verkehrsteilnehmer völlig egal sind. Also nicht gleich in Panik verfallen, wenn nebenan ein Polizeiauto steht.

Mietwagen und Taxis

Mietwagen vom herkömmlichen Verleih gibt es in Russland in Großmetropolen. In anderen Gegenden vermitteln hauptsächlich Osteuropa-Spezialisten Mietautos zumeist gleich mit dazugehörigem Fahrer. Das Internet bemühen, und man wird schnell fündig.

Die Grenzen von solchen Mietautos mit Fahrern über inoffizielle Taxis / zahlbare Privatfahrer bis hin zu offiziellen Taxis sind fließend. Will man in einer russischen Großstadt mitgenommen werden, so stellt man sich an den Straßenrand und streckt einen Arm zur Straße aus, so ungefähr im 45 Grad - Winkel von unten. Es werden über kurz oder lang Autofahrer halten, die teilweise als innoffizielle Taxis die Stadt durchqueren, und wo man für einen gewissen Obolus mitfahren kann. Dass hierbei ohne echte Russischkenntnisse nicht viel geht, ist selbstverständlich.

Einfacher als irgendwo an der Straße findet man in mittleren Städten Mitfahrsucher am örtlichen Bahnhof oder Busbahnhof. Meistens steht ein ganzes Sammelsurium von Kleinbusen, die auf 3-7 Fahrgäste in eine Richtung warten, bis hin zu kleinen Moskwitsch für eine Privattour. Für die Benutzung dieses Services sollte man den üblichen Marktpreis vor Ort kennen. Beliebt sind diese Mitfahrgelegenheiten vor allem nachts, wenn keine öffentlichen Verkehrsmittel mehr fahren. Bei Privatautos die Nummer aufzuschreiben, schadet übrigens nie, erübrigt sich aber bei den Kleinbussen, die sowieso mit Schild im Fenster auf festen Strecken hin und her pendeln (sogenannte Marschrutkas). Bei den ganz offiziellen und als solchen gekennzeichneten Taxis gilt: Sie sind teurer als alles Inoffizielle, noch teurer in Moskau und Sankt Petersburg und am allerteuersten für offensichtlich unerfahrene Ausländer. Wenn man vor Ort Einheimische kennt, empfiehlt es sich auch mit Russischkenntnissen diesen alle Verhandlungen zu überlassen und sich ruhig zu verhalten, sodass man gar nicht als Ausländer in Erscheinung tritt. Manche russischen Taxifahrer neigen zu Dollarzeichen in ihren Augen, wenn sie Ausländer als solche erkennen und in ihren Fahrzeugen mitnehmen. Vier- bis zehnfache Preisaufschläge für westliche Touristen sind keine Seltenheit.

Offizielle Taxis stoppt man bei der Fahrt übrigens ähnlich wie die inoffiziellen - mit dem schräg gestreckten Arm, dem russischen Anhalterzeichen.

Nummernschilder

Zum einen und das sei hier festgehalten (weil es als Gerücht weit verbreitet ist) warten keine Straßenbanden auf russischen Autobahnen, um dort Autos mit westlichen Nummernschildern zu überfallen. Auf einigen Autobahnen müssten sie auch sehr lange warten. Der Import von alten Deutschen Autos nach Russland ist längst Geschichte. Der Zoll für die Einfuhr von Altwagen ist viel zu hoch. Somit sind auch die befristeten deutschen Kennzeichen im Straßenbild nicht mehr zu sehen.

Russische Autos dürfen nur mit mitgeführter Erlaubnis des Besitzers genutzt werden. Das ist ein kleines Formblatt, was man in Geschäften für Schreibwaren bekommt.

Das russische Standardnummernschild ist schwarz auf weiß (was Inhabern deutscher und österreichischer Nummernschilder oft dazu verhilft, von nicht genau hinschauenden Polizisten, nicht erkannt zu werden). Am rechten Ende des Kennzeichens steht eine zweistellige Nummer (es gibt 94 verschiedene, wobei Moskau sowie das Moskauer Gebiet und Sankt Petersburg mehrere Nummern haben), an der man erkennt, aus welcher der zahlreichen Regionen und Republiken Russlands das Auto stammt. Außer nach der Region wird regional nicht weiter unterschieden, wobei so manche Region auch mal die Fläche der Bundesrepublik oder zumindest eines Bundeslandes hat. Die Autonummern enthalten übrigens nur solche kyrillischen Buchstaben, die auch im lateinischen Alphabet vorkommen.

Die Liste mit allen Autonummern der RF finden Sie als PDF zum kostenlosen Download auf der Webseite russland-buecher.ru und auf der Webseite russlandfakten.info Buchneuerscheinungen.

Neben den schwarz-weißen Standardschildern gibt es in Russland - wie in Deutschland - noch Sonderkennzeichen mit anderen Farbgebungen, denen man unterschiedlich häufig begegnet:

- schwarz auf gelb - öffentliche Verkehrsmittel, Anhänger
- weiß auf schwarz - Armee
- weiß auf blau - Miliz (Polizei)
- weiß auf rot - ausländische Vertretungen

Die bis vor wenigen Jahren in Russland existierenden Sonderkennzeichen für im Land lebende Ausländer wurden mittlerweile abgeschafft und deren Autos sind von denen der Russen nicht mehr zu unterscheiden.

Sicherheitstipps Autos

Autodiebstähle gibt es viele in Russland und hier soll nichts beschönigt werden. Aber es gibt auch Autoklau in Mitteleuropa und deswegen hört niemand auf zu fahren. Es gibt so viele wirklich teure Autos, da ist die Gefahr, dass ausgerechnet ihr Auto geklaut wird, nicht sehr groß. Sie werden ja nicht mit einem superteuren neuen Westmarkenauto nach Russland fahren.

Gerade ein Bus oder Transporter ohne die hippste neuste Campingausstattung leistet bei Langstrecken in Russland sehr gute Dienste. Es gibt viele bewachte Parkplätze und wer sein Auto länger verlässt, sollte auch einen solchen nutzen! Gerade Hotels haben fast immer ihren eigenen bewachten Parkplatz und manche dieser Serviceeinrichtungen gleichen mit Hundelaufanlage, Stacheldrahtzaun und grellem Überwachungslicht wahren Hochsicherheitstrakts. Die bewachten Parkplätze sind mit eigenen Hinweisschildern gekennzeichnet.

Die bewachten Parkplätze sind oft billiger als manches unbewachte Parkhaus in Mitteleuropa. Ein guter Schutz gegen Diebstahl ist auch ein möglichst dreckiges Auto, je dreckiger je besser! Das macht auch aus einem neuen Wagen ein altes unansehnliches Ding.

Wenn Privatpersonen auf der Strecke winken als Zeichen zum Anhalten, vor allem in abgelegeneren Gegenden oder aus mittelasiatischen Autos, sollte man unbedingt weiterfahren. Das ist ein Zeichen gesunden Menschenverstandes, wenn nicht gerade eine Rauchwolke aus dem eigenen Fahrzeug quillt und das der Grund für heftiges Winken sein dürfte.

Neben den bereits erwähnten Gegenständen und Schlaglöchern auf und in der Fahrbahn sind in Russland auch immer wieder nicht ausreichend beleuchtete andere Verkehrsteilnehmer (Autos mit kaputtem oder Fahrräder ganz ohne Licht, Fußgänger auf der Autobahn u.v.a.) unterwegs und es empfiehlt sich eigentlich in keinem Land zu riskieren, dass man ein paar Einheimische über den Haufen fährt.

Aufgrund der riesigen zurückzulegenden Entfernungen zwischen den größeren Städten ist ein Muss:

Lebensmittel und Getränke müssen immer an Bord sein. Das Gleiche gilt für immer wieder auszuwechselnde Verschleißteile und Betriebsflüssigkeiten des Autos:

- Sicherungen
- Abschleppseil
- Leuchtmittel für Scheinwerfer
- Öl (größere Flasche, falls es mal leckt, muss man evtl. öfters nachgießen)
- Kühlerflüssigkeit
- Bremsflüssigkeit
- Vollwertiges Reserverad und evtl. zusätzlich Reparaturset für Reifenpannen
- Gefüllter Reservekanister
- Scheibenwaschflüssigkeit
- Wischblätter für Scheibenwischer
- Wasser für Scheibenwaschanlage
- Auto-Feuerlöscher
- Ausreichend Werkzeug für Reparaturen unterwegs

Zum Absichern eventueller Unfallstellen ist auch in Russland das Warndreieck obligatorisch, ebenso wie Verbandskasten und Feuerlöscher. Nicht im Auto lassen, aber immer mitführen muss man einen Ersatzschlüssel für das Auto, sonst sieht man eventuell alt aus, wenn das Original hinter Moskau abbricht. Bei Reparaturen sollte man sicherheitshalber immer anwesend bleiben und das gerade reparierte Auto nicht alleine lassen.

Bei Unfällen gilt allgemein: Erst einmal alles so stehen lassen, wie es steht und die Polizei hinzuziehen. Gerade wenn man nicht schuld ist, erleichtert das in der Diskussion mit einem russischmuttersprachlichen Unfallgegner die Beweisführung und ist in Russland auch so üblich. Wer Angst hat, der Ausländer ist für die Polizei immer schuld, keine Panik! Es ist nicht so, dass die Polizei generell die eigenen Staatsbürger besser behandelt, als Gäste aus dem Ausland. Das gilt übrigens für alle russischen Behörden. Wenn nicht gerade Vitamin B im Spiel ist, gilt der gleiche förmliche Umgangsstil im Umgang mit Amtspersonen überall und für jeden.

Mancher kommt vielleicht auf die Idee, für seine Russlandreise per Auto ein dortiges Mobiltelefon zu erwerben, um telefonisch erreichbar zu sein. Generell stellt sich hier kein Problem, denn ein Prepaid-Handy gibt es auch für Ausländer zu erwerben und die Preise sind günstiger als in Zentraleuropa. Es ist jedoch zu beachten, dass Handys ohne „Rooming" nur in einer bestimmten Region oder Republik der Russischen Föderation funktionieren. Ein Moskauer Handy ohne Rooming funktioniert nicht mehr, sobald man die Region Moskau verlässt!

Rooming ist wie in Deutschland, Österreich oder der Schweiz teurer und nicht standardmäßig in jeder Handykarte dabei, deshalb nachfragen beim Erwerb. Die Handynetze sind mittlerweile praktisch flächendeckend.

Handys aus dem eigenen Land mit Rooming funktionieren manchmal nur in den Metropolen. Nicht jeder Mobilanbieter aus Mitteleuropa hat einen Vertragspartner mit einem flächendeckenden Netz in Russland. Praktisch flächendeckend ist mittlerweile MTS (vorsichtig bei Beeline und Megaphone), da lässt manchmal die Qualität des Empfangs zu wünschen übrig). Das Rooming ist immer dabei, sofern genügend Geld auf dem Konto ist (ein Handy funktioniert hier mit 5 Euro, für Rooming sollte man 25 Euro einmalig auf das Konto einzahlen).

Mit dem Auto an der Grenze

Ein ausführliches Kapitel in so ziemlich jedem Reisebericht von Russlandfahrern mit dem Auto ist die Bewältigung der Grenzformalitäten. Und in der Tat: Auf eine ganze Anzahl von Stunden an der Grenzabfertigung muss man sich immer einstellen, vor allem bei der Einreise in einen osteuropäischen Staat. Eine konkretere Zahl zu nennen, wäre natürlich für einen Ratgeber besser, doch es geht nicht, denn jeder Grenzübertritt ist ein neues Abenteuer mit völlig ungewisser Dauer.

In der Regel werden eine Stunde nie unter- und sieben Stunden fast nie überschritten. Bei der Einreise bekommt man in Osteuropa am Anfang immer einen netten kleinen Zettel mit einer Reihe von Feldern.

Diese Felder symbolisieren die Stationen, die man beim Grenzübertritt durchlaufen muss und jede Station macht ihr Stempelchen oder ein Zeichen darauf. Man durchschaut nicht immer den Sinn der einzelnen Stationen. Den Zettel darf man nie verlieren, denn sonst muss man wieder von vorne beginnen. Am Ende wird vom letzten Posten nachgeschaut, ob alle Stempelchen drauf sind, bevor er den Schlagbaum zum Landesinneren öffnet.

Was hier für Russland gesagt wird, gilt für Weißrussland genauso. Wer deshalb die Wahl hat, spart beim direkten Grenzübertritt von der EU nach Russland (z.B. via Estland oder Finnland) einiges an Zeit. Autofahren im Baltikum und bis zur polnischen Ostgrenze hingegen ist seit Jahren (mit EU-Kennzeichen) stressfrei möglich, hier bemerkt man die Verlagerung der EU sehr deutlich. Ebenso bei der Einreise in die EU, wobei man sich auf lange Warteschlangen einstellen muss.

Mit einem Westkennzeichen und -pass geht dafür die eigene Einreise, sobald man an der Reihe ist, sehr schnell. Zerlegt werden von den Polen und anderen Außenposten die osteuropäischen und mittelasiatischen Autos.

Beim Grenzübertritt in Osteuropa werden stets von den Zöllnern Gebühren für Versicherungen erhoben.

Russland: etwa 20 Euro Gebühren

Weißrussland: etwa 35 Euro für Pkw, 70 Euro für Lastwagen bis 10 Tonnen und 120 Euro für größere Lkw; das alles zuzüglich einer "Ökosteuer" von 10 Euro

Bei der Aufforderung zur Zahlung wesentlich höherer Gebühren wird die Rücksprache mit dem Vorgesetzten des Zollbeamten empfohlen. Hier gilt: Keine Scheu vor Diskussionen, es sind Fälle bekannt, bei denen ein offenes Gespräch manche Gebühr und auch Strafe um bis zu 90% gesenkt hat. Kostenlos wird man den Grenzübertritt jedoch nie bekommen, da die obigen Gebühren zu Recht erhoben werden. Griffbereit sollte man bereits bei der Einreise nach Russland mit dem Auto russische Rubel haben, denn die Begleichung in Devisen ist nicht immer möglich. Vor dem Grenzübertritt befinden sich Wechselstuben. Die in älteren Reiseführern zu lesende Information, man darf keine Rubel einführen, ist falsch. Seit 1.7.06 ist der Rubel voll konvertierbar. An der Grenze herumstehende "Helfer", die versprechen man würde für 10 Euro schnell und problemlos über die Grenze gebracht werden, sind überflüssig und eine reine Bauernfängerei.

Mit ihnen geht es weder schneller noch billiger, als ohne sie. Häufig plaudern sie für ihr Geld einfach ein wenig mit den Beamten bei der Ausreise, welche aber sowieso der problemloseste Teil des Grenzübertritts ist (Zeitbedarf maximal 12 Stunden) - die Einreise ist die zeitaufwendigste Prozedur. Zwischen Weißrussland und Russland gibt es abseits von den Hauptstrecken keine Grenzkontrollen.

Besitzt man nur ein russisches Visum, sollte man immer aufpassen, nicht auf weißrussisches Gebiet zu gelangen, da man dort ohne Visum verhaftet werden kann.

Sitten im Straßenverkehr

Trotz der oft schlechten Straßenverhältnisse gibt es viele Russen (v.a. Männer), die wagemutig bis halsbrecherisch unterwegs sind. Gerade einheimische Besitzer von westlichen Automarken müssen offenbar auf der hinterletzten Piste zeigen, wie viel PS unter der Motorhaube stecken. Gerade bei Überholmanövern gibt es Fahrer mit einer Risikobereitschaft, die selbst im Schnellfahrerland Deutschland ihresgleichen sucht.

Auf den russischen Straßen erlebt man trotz der im Schnitt wesentlich niedrigeren Verkehrsdichte immer wieder gefährliche Situationen. Übrigens sind die russischen Verkehrsrowdys nicht vor den Folgen ihres Tuns geschützt und enden des Öfteren in einem selbst verschuldeten Verkehrsunfall. Wo das Verkehrsaufkommen sehr hoch ist, insbesondere in Großstädten über 500.000 Einwohner, herrschen chaotische Zustände, wie man sie in Westeuropa nur von den berüchtigten Millionenmetropolen wie Rom oder Paris kennt. Staus und Verkehrskollaps sind in russischen Großstädten ebenso wie in den mitteleuropäischen immer wieder an der Tagesordnung (dafür auf dem Land sehr selten) und gerade in Moskau ist eine Reihe von Straßen dauerhaft überlastet.

In Sankt Petersburg sollte man, wenn man nachts unterwegs ist, daran denken, dass man die berühmten Zugbrücken, wenn sie zur Nacht hochgeklappt werden, nicht mehr überqueren kann. Die Informationen aus diesem Kapitel lassen sich - falls nicht vor Ort anders erwähnt - 1:1 auf die Straßen in Weißrussland und der Ukraine übertragen. Auch im Straßenverkehr in Kasachstan und anderen GUS-Staaten bestehen Ähnlichkeiten. In Russland dürfen Kinder seit 1.1.07 bis 12 Jahre nur noch in einem Kindersitz und auf der Rückbank transportiert werden. Wegen der in Russland niedrigen Durchschnittseinkommen werden aber Fahrer ohne Kindersitz nur in den größeren Städten bestraft.

Mitfahren bei Einheimischen

Die meisten Autofahrten von Touristen finden in Russland als Mitfahrer von Russen statt.

Für den osteuropäischen Markt werden in Russland noch immer massenweise Modelle produziert, die in Ausstattung, Design und Verarbeitung bei Weitem nicht dem westlichen Standard entsprechen - und im Westen gar nicht zu haben sind. Also keine Airbags, keine Gurte hinten, schon gar keine Navigationsgeräte. Gurte werden in Russland von der Mehrheit der Fahrer nicht angelegt (es existiert theoretisch Gurtpflicht). Die russischen Autos für den Inlandsmarkt haben oft ihre Macken und ungeübte Fahrer aus dem Westen sollten sich nicht unbedingt an ihnen versuchen.

Der Anteil der Zulassungen westlicher Fabrikate in den letzten Jahren, in denen die Wirtschaft geboomt hat, ist konsequent in die Höhe geschnellt. Das Kaufen von Autos auf Kredit ist in Moskau mittlerweile üblich und der Grund, warum nur noch wenige russische Autos in Moskau zu sehen sind.

Navigation

Auf der Fahrt durch fremde Länder vertrauen viele auf im Auto eingebaute oder mobile Navigationsgeräte. Vollmundig preist die Werbung gerne in Mitteleuropa vertriebene Navigationssysteme mit dem Vermerk „Kartenmaterial Europa" an. Für die „europäischen" Navigationssysteme im deutschsprachigen Raum endet der Kontinent oft schon an der polnischen Ostgrenze, der Ukraine, das europäische Russland und Weißrussland fehlen. Selbst bessere Modelle, die bis zum Ural oder wenigstens bis Moskau gehen, enthalten für Russland nur sehr grobes Kartenmaterial. Ein Modell, das zumindest den europäischen Teil Russlands detailliert darstellt, sollte man sich bei Bedarf direkt in Russland beschaffen.

Eine weitere beliebte Methode der Reiseplanung sind Online-Routenplaner. Allerdings funktionieren die meisten gar nicht mehr oder schlecht. Im Zeitalter von Navis auch nachvollziehbar.

Trotz aller modernen Technik ist zur Navigation in Russland nicht nur deshalb eines unumgänglich: eine gute Straßenkarte. Im deutschsprachigen Raum ist der europäische Teil Russlands fast nur in den großen Straßenatlanten im regulären Buchhandel erhältlich.

Doch in den großen Atlanten wird Russland ebenfalls stiefmütterlich behandelt. Ein Teil enthält nur die Gegend bis Moskau oder nicht einmal so weit, oft weniger als 10 % des europäischen Russlands. Manch einer hört sogar noch westlich der russischen Westgrenze auf, nur zwei zeigen das europäische Russland komplett bis zum Ural.

Einziger wirklich guter Ausweg für Langstreckenreisende innerhalb Russlands sind original russische Straßenkarten und Autoatlanten. Diese enthalten brauchbare Autokarten von Kaliningrad an der Ostsee bis nach Wladiwostok in besseren Maßstäben vor allem für den europäischen Teil bis zum Ural, oft auch noch Nebenkarten von Nachbarstaaten. In jedem Fall sind solche Karten detaillierter als der Russlandteil des heimischen Europa-Straßenatlas. Alle Ortsangaben sind in kyrillischer Schrift. Bekommen kann man solche russischen Straßenkarten:

- aus Russland selbst, z.B. über Internet
- per Internet von russischen Onlinehändlern oder russen-deutschen Onlinehändlern in Deutschland
- von russendeutschen Märkten in Deutschland, wobei hier

nicht jeder solche Karten im Angebot hat (aber Nachfragen lohnt sich).

Wer mehr als ein paar Hundert Kilometer mit dem Auto durch Russland fährt, muss eine solche Karte seiner Durchfahrtsgegend oder einen russischen Autoatlas anschaffen - sie ist unerlässlich, wenn man mal falsch fährt. Aufgrund der fremden Schrift ist die Arbeit mit der Karte zunächst gewöhnungsbedürftig, man findet sich jedoch hinein und kommt, weil ja alles vor der Autoscheibe kyrillisch ist, schon bald, selbst ohne Russischkenntnisse zurecht. Der asiatische Teil Russlands außer dem dicht besiedelten Weststreifen unweit des Urals wird jedoch auch bei russischen Karten nur in gröberen Maßstäben umgesetzt. Aber wegen der dünneren Besiedlung dort sind in den russischen Werken dennoch sehr viele Orte eingezeichnet. Nur bei richtiggehenden Expeditionen in entlegene Gegenden des asiatischen Russlands rentiert sich ein Angebot der Firma Därr (http://www.daerr.de). Diese liefert ehemalige Rote-Armee-Karten. Sie sind zwar mittlerweile veraltet, aber „ganz hinten" in Russland ist meist seit der letzten Aktualisierung nicht viel passiert. Ihr entscheidender Vorteil ist der Maßstab hinunter bis 1:100.000 - für jede Ecke. Der relativ hohe Anschaffungswert rentiert sich nur für ausgedehntere Touren in wirklich entlegene Gegenden.

In großen Städten kann man sich auch mit der richtigen Karte leicht verfahren, wenn man keinen Stadtplan besitzt. Hinweisschilder und Wegweiser sind in Russland seltener und nicht immer im besten Zustand, auch Umgehungsstraßen gibt es manchmal nicht einmal in Großstädten. Oft ist man irgendwo gelandet und kein Schild weit und breit, vielleicht nicht einmal jemand, der helfen kann. Ein hilfreiches Werkzeug bei einfachen Durchfahrten ist ein Kompass, denn man weiß ja, in welche Richtung man die Großstadt wieder verlassen möchte. Nach dem Verlassen der Stadtgrenzen findet man im ersten Vorort im Straßenatlas sehr schnell den eigenen Standort und kann über Querstraßen einfach wieder auf den richtigen Weg fahren. In eine Metropole sollte man nur im Notfall noch ein weiteres Mal hineinfahren, wenn man trotz allem wirklich am komplett falschen Ende herausgekommen ist.

Onlinekarten im Internet sind realen Karten selbst bei ansprechender Genauigkeit unterlegen, einfach wegen des niedrigeren Formats (kein Ausdruck ohne Spezialausrüstung ist größer als DIN A4, Ausnahme bietet yandex.ru, aber dafür sind gute Sprachkenntnisse notwendig). In manch einer kann man umsonst nachschauen (einige Adressen hierzu befinden sich im Anhang), jedoch sollte man damit nicht am falschen Ende sparen. Eventuell nützlich für Ortsdurchfahrten sind online verfügbare Stadtpläne und Regionalkarten von Ballungszentren wie die original russische MIR-Karte.

Wer ein neues Smartphone dabei hat, kann mittlerweile per GPS seinen Standort bestimmen und sich mit yandex und ähnlichen Diensten (http://maps.yandex.ru) online aus der Misere helfen lassen. Aber Achtung! Diese Dienste funktionieren nur in Metropolen zuverlässig.

Transitstaaten mit dem Auto

Auf dem Weg mit dem Auto nach Russland passiert man unter Umständen eine ganze Reihe von Staaten im östlichen Mitteleuropa und Osteuropa. Fast alle Transitstaaten gehören zur EU, so dass sich wenige Besonderheiten ergeben. Bei Alkohol gilt im Regelfall 0 Promille. In Belarus gilt Feurlöscherpflicht, aber dieser ist auch in Russland vorgeschrieben. Caravan-Gespanne und größere Wohnmobile (entweder ab 2,5 t oder ab 3,5 t) unterliegen fast in allen Staaten niedrigeren Tempolimits. Die Hinweisschilder und Wegweiser sind in den Transitstaaten außer in Weißrussland und Russland in lateinischer Schrift, in Weißrussland kyrillisch, in der Ukraine zum Teil kyrillisch und zum Teil in zwei Schriften (v.a. auf Hauptstraßen im Westen des Landes und rund um Kiew). In der Ukraine gilt eine eigene Variante der kyrillischen Schrift mit ein paar Sonderzeichen, die jedoch nicht so häufig vorkommen, als dass sie die Verständlichkeit der Schilder mindern, sofern man die russisch-kyrillische Schrift kann (etwa vergleichbar mit den Umlauten im Deutschen und bestehend aus den Buchstaben, die nach der Revolution 1917 einfach in Russland aus dem Alphabet genommen wurden z.B. "i"). Wegweiser sind in Weißrussland und der Ukraine für Ortsunkundige oft sehr dünn gestreut.

Suche nach Mitfahrern

Wenn noch Platz im Auto bleibt, kann man seine Reisekosten senken, indem man für Teilstrecken Leute mit ins Auto nimmt. Hierzu trägt man die eigene Fahrroute und das Reisedatum bei möglichst vielen Mitfahrzentralen ein und meldet seine Fahrt bei den großen Mitfahrbüros wie City to City an. Mit einer hohen Wahrscheinlichkeit bekommt man Mitfahrer vermittelt, gerade über die echten Büros, bei denen viele Studenten und andere Leute mit wenig Geld aus dem östlichen Mitteleuropa anklopfen. Die zahlen einen festgelegten Obolus und man schmeißt sie unterwegs am vereinbarten Punkt in Tschechien, Polen, der Slowakei oder mit Glück der Ukraine hinaus. Bei den Onlinevermittlern kann man den Treffpunkt flexibel vereinbaren, bei den Mitfahrbüros ist der Treff meist in einer Großstadt vor der örtlichen Niederlassung der Einrichtung. Verlässliche und verlässlich zahlende Mitfahrer bekommt man, denn die Büros vermitteln nur ein weiteres Mal, wenn es bei beiden Seiten keine Beschwerden gab.

Autostop - Anhalter mitnehmen

Im Nachtrag etwas zur Beförderung von Anhaltern. In vielen Russland-Reiseführern, die ansonsten gar nicht so viel Informationen zu den Reisen an sich bieten, steht in dicken Lettern: Nehmen Sie in Russland nie Anhalter mit! Den Fachleuten, die das so schreiben, wollen wir nicht widersprechen, denn man kann wirklich nie garantiert abschätzen, wer nur mal mitgenommen werden will und wer viel1eicht doch keine guten Absichten verfolgt. Russland ist einfach riesig, dünner besiedelt und bei der Mitnahme des falschen Anhalters ist professionelle Hilfe viel weiter entfernt, als im heimischen Mitteleuropa. Anhaltertum an sich ist in Russland in der Provinz sehr viel häufiger als im Westen. In der Provinz fahren manche öffentlichen Verkehrsmittel nur zweimal am Tag. So trifft man ältere Anhalter und ganze Familien. Sie werden öfters mitgenommen, als im Westen üblich.

Ältere Leute oder Schwangere, die in einer nahen Kreisstadt in der Poliklinik waren und kein Geld für einen Kaffee haben, wie sollen sie die Zeit bis zum Abend und damit zum Autobus ins Dorf verbringen? Drei reiselustige russische Pensionärinnen sind per Anhalter vor einigen Jahren bis nach Vietnam gereist.

Autostop - Selbst als Autostoper unterwegs

Hier nun die wagemutigste Art, Russland zu durchqueren. Im Land gibt es die starre Unterscheidung Taxigast und Anhalter nicht in der Ausprägung, wie in Westeuropa, weil einfach in der Grauzone dazwischen die Privatfahrer-quasi-Taxis existieren. Diese sollte man ebenso wie ein fremdes russisches Auto nur besteigen, wenn man selbst sehr gut Russisch kann und sich entsprechend im Land auskennt.

Wer nach westlicher Sitte seinen Daumen rausstreckt, wird keinen Erfolg haben, da man in Russland anders signalisiert, dass man mitgenommen werden will. Vielmehr werden sich die Leute wundern, warum da jemand seinen Daumen am Straßenrand kühlt. Bessere Aussichten hat man mit der bereits unter „Taxi" beschriebenen Anhaltermethode. Einfach Arm mit geöffneter Hand auf die Fahrbahn strecken. In Russland gibt es keine Unterschiede zwischen dem Anhalten eines Taxis, eines Privatquasitaxis oder eines beliebigen anderen Autos. Übrigens diese Geste gilt auch, wenn man abgeschleppt werden möchte!

Russland per Bus

Die meisten einheimischen Russen, die Deutschland besuchen, wählen ein Verkehrsmittel, das manch unbedarfter Deutscher wohl gar nicht für möglich gehalten hätte: den Linienbus. Multinationale Buslinien sind im östlichen Mitteleuropa und noch viel mehr in Osteuropa ein beliebtes, weil billiges Reisemittel, selbst über Tausende von Kilometern. Wenn wir beliebt sagen, dann nur im übertragenen Sinne, denn wirklichen Genuss empfinden russische Fahrgäste bei der durchgängigen Benutzung eines Busses von Sibirien nach Stuttgart oder vom Ural bis Ulm und zurück nicht. Dabei sind die Busse für osteuropäische Verhältnisse recht modern, durchwegs westlicher Bauart und ausgestattet mit WC und Nasszelle.

Oft handelt es sich um ältere Modelle von Reisebussen westlicher Herstellung, die von zwei Fahrern im Wechsel durchgehend gefahren und häufig von einer Art Stewardess begleitet werden. Die Busse fahren auf einer ganzen Reihe von Linien, die von den verschiedensten westeuropäischen Busfirmen mit Niederlassungen in Russland betrieben werden.

Die Buslinien Russland-Deutschland starten entweder in Moskau (Deutsche Touring) oder aber noch wesentlich weiter östlich im russischen Hinterland wie etwa in Sibirien (Reichert Reisen, oft: Barnaul) oder der Uralregion (Miller Reisen, oft: Orenburg), wo relativ viele Russlanddeutsche leb(t)en. Nebenstrecken führen nach Sankt Petersburg (Deutsche Touring) und Kasachstan (Busliner). Auf den Tausenden Kilometern durch Russland werden immer wieder Fahrgäste in Großstädten aufgelesen, zwischen verschiedenen Bussen hin und her verteilt und dann auf einer festgelegten Rundumroute auf großen deutschen Busbahnhöfen wieder auf die Straße gesetzt. Oder umgekehrt.

Die Fahrgäste sind zu 95 % Russen und Russlanddeutsche, einheimische Deutsche trifft man so gut wie nie und Deutschkenntnisse kann man weder beim Fahrer noch bei der Reisebegleitung voraussetzen. Das Personal ist meistens angestellt beim russischen Zweigbetrieb des Arbeitgebers. Die meisten Reisenden fahren auf Besuch zu Verwandten und Bekannten (in beiden Richtungen) oder als Au-pair zu Familien. Wer Geld für einen richtigen touristischen Urlaub hat, fährt in Russland selten mit dem Linienbus. Eine gewisse Widerstandsfähigkeit wird bei den Busreisenden vorausgesetzt, außer den Stopps zum Ein-/Aussteigen und den Grenzübertritten gibt es kaum Pausen und es wird manchmal radikal durchgefahren.

Verspätungen von einigen Stunden gegenüber der planmäßigen Ankunft sind eher die Regel. Genutzt werden die Busse, weil der Preisunterschied zur Eisenbahn beträchtlich ist und gegenüber Flugreisen der Fahrpreis gerade mal ein Drittel beträgt.

Inlands- Fernbusse

Ein anderer Grund, warum so viele Russen nach Deutschland mit dem Bus fahren, ist dass sie Fernbuslinien aus der eigenen Heimat kennen.

Innerhalb Russlands sind diese die billigste Möglichkeit von A nach B zu kommen, auch wenn A von B tausend Kilometer weg ist. Eine Ausnahme bildet die Reise mit viel Gepäck, das in Bussen (pro Tasche) kräftig Aufschlag kostet. Während bei der Eisenbahn bis über 30 kg pro Person im Preis inbegriffen sind. In jeder mittleren und großen russischen Stadt gibt es den sogenannten Awtowoksal, wörtlich übersetzt Autobahnhof. Busbahnhof trifft es als Umschreibung jedoch besser. In großen Metropolen gibt es mehrere Awtowoksals. Neben den

Stadtbussen und Bussen in umliegende Dörfer und Kleinstädte starten dort die Fernbusse in alle benachbarten Metropolen, wobei benachbart im europäischen Teil Russlands etwa 500 Kilometer sind. So sind die Awtowoksals viel größer als jeder Busbahnhof, den man aus Deutschland kennt und oft so etwas wie ein zweiter Bahnhof der Stadt, bloß ohne Schienen.

Sehr oft sind die Awtowoksals in der Nähe des Hauptbahnhofs der Stadt. Die Busse, die an diesem großen Knotenpunkt starten, halten unterwegs an einer ganzen Reihe von Haltestellen, manchmal kleineren Busbahnhöfen, manchmal gekennzeichneten Haltestellen und manchmal einfach so, ohne dass man so etwas wie einen offiziellen Haltepunkt ausmachen könnte. Die Fahrkarten für die Fernbusse kann man an den Schaltern der Awtowoksals kaufen, womit der Schwarzhandel von Fahrern unterbunden wird. In der Hauptreisezeit im Sommer muss man seine Fahrkarten 1-2 Tage im Voraus sichern, da die Busse oft bereits einige Zeit vor der Abfahrt ausverkauft sind.

Die im Inland eingesetzten Fernbusse sind von Typ und Ausstattung sehr unterschiedlich, gliedern sich jedoch in zwei Hauptgruppen. Zum einen gibt es da, wenn man Glück hat, etwa 20 bis 30 Jahre alte Busse westlicher Bauart, an denen man häufig noch verblichene Aufschriften deutscher Reiseveranstalter erkennen kann. Sonderausstattung wie WCs hatten zur Bauzeit dieser Modelle auch mitteleuropäische Reisebusse noch nicht und man sollte sich vor der Fahrt das Trinken einteilen, obwohl immer wieder mal gehalten wird (und man den Fahrer um einen Extrahalt neben dem Wald anlehen kann). Zum anderen gibt es noch die Gruppe der Busse russischer Bauart, die vor allem weit östlich von Moskau die Mehrheit bildet, so das Modell „Ikarus". Die Ikarusse sind schlecht gewartete und oft verschmutzte Busmodelle undefinierbaren Alters, mit Sicherheit nicht neu oder modern und ohne jede komfortable Ausstattung.

Im Winter empfiehlt sich bei der Reise mit so einem Ikarus warme Bekleidung, denn nicht immer funktioniert die Heizung tadellos und liegen gebliebene Ikarusse soll es gelegentlich gegeben haben.

Nahverkehr mit Bus, Trolleybus und Marschrutka

Das russische Stadtbussystem ist nicht so straff organisiert wie in Deutschland. Es gibt zwar Buslinien, die alle nummeriert sind, jedoch nach großen Liniennetzplänen an den Haltestellen sucht man meist vergebens. Bushaltestellen sind größer als im deutschsprachigen Raum und liegen weiter auseinander. Ständig herrscht ein Kommen und Gehen der unterschiedlichsten Buslinien und -typen. Große städtische Busse wechseln sich mit kleinen Privatbussen auf eigenen Linien (sogenannten Marschrutkas, auch Linien-Sammeltaxis genannt), die teilweise parallel verlaufen ab.

Die Busse im Nahverkehr sind fast immer uralt und es kann schon mal passieren, dass der eigene auf der Kreuzung stehen bleibt, der Fahrer mit einem Hammer aussteigt und man dann ein heftiges Klopfen hört, bis die Maschine wieder das unruhige Zuckeln anfängt. Die Taktfrequenz ist im Schnitt zwar vergleichbar mit Mitteleuropa, schwankt jedoch wesentlich stärker nach unten und oben um diesen Durchschnittswert. Das soll heißen, dass zu Stoßzeiten gut mal 2-3 Busse zu einem bestimmten Ziel innerhalb fünf Minuten unterwegs sind, jedoch in das entfernte Einödgehöft auf dem Land vielleicht sogar nur zwei Busse pro Woche fahren. Die durchschnittliche Besetzung der Nahverkehrsbusse in Russland ist wesentlich höher als in Mitteleuropa. Ein Bus, der hier als voll bezeichnet werden würde, weil die Sitzplätze besetzt sind, gilt in einer russischen Großstadt noch als leer und in einem wirklich vollen russischen Stadtbus kann man eigentlich gar nicht umfallen, da man zwischen all den anderen herumstehenden Busgästen eingeklemmt ist. Deshalb sollte man auch bereits einige Stationen vor seinem Ziel den Weg in Richtung Ausgang einschlagen, der im dichten Gedrängel sonst gar nicht auf die Schnelle erreicht werden kann. Die Mitnahme von sperrigem Gepäck im Stadtbus ist zur besten Tageszeit problematisch, wenn auch nicht verboten (man kann alles mitnehmen, was man selbst tragen kann und durchzuquetschen schafft). Öffentliche innerstädtische Bustickets zahlt man während der Fahrt bei einem Kassierer, der im Bus herumläuft, in den privaten Marschrutkas zahlt man vor dem Aussteigen beim Fahrer oder Beifahrer. Generell ist Bus fahren in Russland im Vergleich zum Westen spottbillig.

In den Marschrutkas hängt der Fahrpreis fast immer am Buseingang aus, sodass man seine Münzen schon passend heraussuchen kann. Meist wird mit Einzelfahrschein gefahren, Monatskarten sind jedoch in den öffentlichen Bussen bekannt und an den Busbahnhöfen erhältlich. Buskartenverkäufer - egal ob am Busbahnhof oder im Bus - sprechen fast ausschließlich Russisch. Für die Marschrutkas existieren oft keine festgelegten Fahrpläne, wohl aber feste Routen, auf denen sie verkehren. Die Busse fahren im großstädtischen Nahverkehr meist den ganzen Tag bis etwa 23 Uhr. Hier gibt es aber regionale Unterschiede, die man erfragen muss. Ein wichtiger Bestandteil des russischen Nahverkehrs sind in fast allen Großstädten Oberleitungsbusse, die auch O-Busse oder Trolleybusse genannt werden.
Russland ist das Land mit den weltweit meisten Trolleybussen - in 89 Städten werden 14.000 O-Busse im Linienverkehr eingesetzt. Auch in West- und Mitteleuropa gab es einstmals

mehr Oberleitungsbusse, die jedoch in den 60er und 70er Jahren als veraltet galten und durch normale Busse ersetzt wurden. In Zeiten der Klimakatastrophe werden die Trolleys wieder als umweltfreundliche Alternative entdeckt und so ist Russland per Zufall plötzlich ein Vorreiter in einer modernen Umwelttechnik, über deren Wiedergeburt im Westen fleißig diskutiert wird. Die O-Busse sind im Besitz der Kommunen und von recht modernen Modellen bis zur Sowjetversion mit Holzbank und echtem Kommunismus-Feeling ist alles unterwegs. Sie werden sehr häufig auf zentralen Linien wie z.B. zwischen Bahnhof und Stadtzentrum eingesetzt.

Die Fahrpreise sind sehr niedrig. In Moskau muss man die Karte beim Fahrer kaufen, dank elektronischer Drehscheibe kommt man sonst nicht in den Bus. Karten für den Moskauer Bus kann man viel billiger an manchen Ständen erstehen, die auch Prepaidkarten für Telefon und Internet verkaufen. Diese Stände sind immer vor den Eingängen der Metrostationen zu finden.

Auf Schienen

Russlands legendäre Eisenbahnen

Eine Leidenschaft westlicher Touristen, die Einheimische gar nicht nachvollziehen können, ist die Bewunderung für die russischen Langstrecken-Bahnfahrten. Die meisten Russen fahren zwar etwas lieber Eisenbahn als Bus, aber einfach nur so aus Vergnügen würde niemand ein paar Tausend Kilometer per Bahn fahren. Die Weite des Landes hat man seit Geburt vor der Tür.

Im Kurswagen bis nach Sibirien

An sich geht das Bahnfahren in Richtung Russland wirklich einfach. Ab Berlin fahren Direktzüge und Kurswagen bis nach Sibirien (nach Moskau über Smolensk und Sankt Petersburg sowieso). Für diese benötigt man nur eine Fahrkarte mit Reservierung und gar keine Komplettbuchung über einen Reiseveranstalter. Die Kurswägen erreichen viele Metropolen auch im Schwarzmeer- und Wolgagebiet sowie im Ural und Westsibirien wie Jekaterinburg, Kasan, Nischni Nowogorod, Omsk, Rostow am Don, Samara, Saratow, Sotschi, Tjumen, Tscheljabinsk oder Ufa. Oder man fährt nach Moskau, wechselt den Bahnhof und kommt bis zum Pazifik mit dem selbst gekauften Transsib-Ticket. Was beide Verbindungen gemeinsam haben: In der Haupreisezeit im Sommer sind sie ausgebucht, am besten kauft man die Fahrkarte, sobald sie überhaupt erhältlich ist (ab Deutschland laut Auskunft Deutsche Bahn drei Monate vor der Fahrt). Außerhalb des Sommers bekommt man auch kurzfristiger eine Karte. Zu beachten ist in jedem Fall, dass alle Direktzüge ins hintere Russland Schlafwagenzüge und damit reservierungspflichtig sind. Weiter sind Fahrkarten zu regulären Preisen flexibel verwendbar, Sparpreiskarten gelten nur an den ausgestellten Tagen. Die Reservierung auf der Rückfahrt ist nach Auskunft der Bahn ebenfalls nicht immer unproblematisch wegen der unzureichenden Vernetzung des russischen Zugreservierungssystems.

Allerdings kann man mittlerweile ganz bequem per Internet seine Fahrkarten kaufen (siehe Linkliste am Ende des Buches).

Hier sollte man sich aus Russland oder über einen Spezialveranstalter sein Bettabteil reservieren lassen. Einfacher ist eine Karte mit Reservierung nach Kaliningrad, das ehemalige Königsberg zu bekommen. Die Fahrt ist nicht so lang. Die Kurswagen sind nicht immer die neusten und stammen von der polnischen Eisenbahn mit Schlafwagen-Betreuern, die über rudimentäre Deutschkenntnisse verfügen. Die Verbindungen nach Russland sind auf der Nachtzugreise-Homepage der Deutschen Bahn AG aufgelistet (als "D-Nacht" bezeichnet) und als einzige nicht online buchbar. Die Servicenummer der Bahn (zuständig ist das Auslandsteam) ist teuer und man hat nicht immer gleich jemanden dran, der wirklich etwas über Bahn fahren nach Russland oder gar diese Züge weiß. Also empfiehlt sich eher die Organisation der Fahrkarte über erfahrene DB-Agenturen oder die Vorsprache an einem großen Bahnhof. Zwei Anbieter sind Agenturen für die russische Bahngesellschaft RZD, Adresse im Anhang. Per Kreditkarte lassen sich fast alle Bahnkarten sofort zahlen und sichern. Angesichts der in Osteuropa sehr viel niedrigeren Bahnpreise rentiert es sich, auf den Zug erst in Berlin umzusteigen. Nicht vergessen sollte man, durch welche Staaten man Transit fährt und ein Transitvisum braucht, denn keiner dieser Staaten verzichtet auf die Visumpflicht, nur weil man in einem Zug sitzt. Außerhalb der Hauptreisezeit, im Winterfahrplan, sind Direktzüge zwar dünner gestreut, aber doch auf einer kleineren Streckenauswahl (bis Saratow an der Wolga und natürlich nach Moskau und Sankt Petersburg) vorhanden. Die Kurswagen ab Deutschland direkt bis zum Ural oder weiter sind im Winterfahrplan oft nicht enthalten. Die Fahrt außerhalb der Hauptreisezeit bietet den Vorteil, dass man keine großen Probleme hat, einen freien Platz zu ergattern, auch wenige Wochen vor der Fahrt.

Billiger als der Flug ist die Bahnkarte ins hintere Russland auf jeden Fall. Was es ganzjährig gibt, sind Umsteigeverbindungen. Auch werfen DB-Computer (bedient von Agentur-/DB-Büros) solche Verbindungen ausschließlich aus, wenn man nicht auf einer Direktverbindung besteht und einen Ausdruck aus www.nachtzugreisen.de mit den Zugnummern dabei hat.

Einfacher geht es im Internet. Allerdings sollten Sie Russisch können oder russischsprachige Freunde haben. Eine Liste der russischen Seite, wo Sie Tickets online kaufen können, finden Sie am Ende des Buches. Das Umsteigen in weißrussischen und russischen Bahnhöfen ist jedoch nicht ohne, denn das Anzeige- und Ansagesystem dort ist nicht mit westlichen Bahnhöfen vergleichbar. Auskunftsschalter mit fremdsprachenkundigen Angestellten oder gar fremdsprachige Bahnsteigdurchsagen gibt es nicht, ebenso wenig wie Shuttlebusse bei Bahnhofstransfers. Bahnhofsdurchsagen sind infolge schlechter Lautsprecher einwandfrei unverständlich, auch wenn man Russisch spricht. Der Bahnverkehr in Russland ist abseits der Paradestrecken (Moskau-Sankt Petersburg, Moskau-Berlin, Transsibirische Luxusklasse) kaum auf Kundschaft aus dem Westen eingestellt. Wer aus Süddeutschland, Österreich oder der Schweiz mit der Bahn nach Moskau will, sollte sich überlegen, ob er statt über Berlin nicht schneller über den Hauptbahnhof von Prag dort hinkommt. Von Prag nach Moskau existiert ganzjährig ein Direktzug, im Prager Hauptbahnhof gibt es zu Flughäfen vergleichbare Anzeigetafeln und Englisch sprechende Angestellte der tschechischen Eisenbahn.

Die Reiseverbindungen über Tschechien sind nicht bei der Deutschen Bahn zu bekommen, sondern müssen über die tschechische Eisenbahn erfragt werden. Die Preisunterschiede sind zwar nicht mehr so groß wie vor 15 Jahren, aber der Bahnkilometer in Tschechien ist immer noch wesentlich billiger als der in Deutschland, Österreich oder der Schweiz.

Bahnfernreisen innerhalb Russlands

Die Fahrt mit der Eisenbahn innerhalb Russlands ist nichts für empfindliche Gemüter. Die Preise sind stets billiger als bei Inlandsflügen, jedoch teurer als bei Reisen mit dem Fernbus. Die Fahrkarten gibt es für alle, die Russisch können direkt am Bahnhof oder im Internet. Allerdings sollten Sie Russisch können. Man muss beim Fahrkartenkauf am Bahnhof immer einen Ausweis vorlegen. Karten für russische Inlandszüge sind auch bei weiten Reisen, und das sind in diesem Land sehr viele, meistens nur kurz vor der Fahrt zu bekommen - zwischen drei Wochen und zwei Tagen vor der Fahrt.

In der russischen Eisenbahn gibt es offiziell vier Arten von Zügen und vier verschiedene Wagenklassen. In keinem Zug, den wir je sahen, waren alle Klassen vorrätig, sondern nur maximal drei. So finden sich bei kürzeren Strecken keine Luxusklassen, die niedrigste Klasse wird bei Fernreisen nicht angeboten. Unabhängig von der Klasse wird jede längere Reise von einem Schaffner begleitet, ein Job, der im Sommer gerne von Studenten ausgeübt wird. Umsonst oder gegen einen geringen Preis erhält man Tee (umsonst immer heißes Wasser) und mit kleinen Wägelchen, ähnlich wie in deutschen Zügen, werden Snacks und Getränke verkauft.

Die Preise für einen Snack im Zug sind höher als im Geschäft, aber wesentlich günstiger als bei der Deutschen Bahn. Bettwäsche muss man außerhalb der Luxusklasse für einen geringen Betrag mieten und bekommt oft eine Kleinigkeit dazu (Seife, Handtuch, Servietten, Tee). Was es in Deutschland gar nicht gibt, ist der russische umfangreiche Handel auf den Bahnsteigen, vor allem an Hauptstrecken auf kleineren Bahnhöfen, wo zum Beispiel die Lok gewechselt wird. Neben weiteren Snacks sind regionale Spezialitäten zu haben. Zu welcher Art ein Zug gehört, steht im Internet.

Zugart	Entsprechung	Zugnr.	Haltepunkte	Endstationen
Skorye**	InterCity / Fernschnellzug	001-156	Mittlere und große Städte	Weiter entfernte Metropolen
Skorostnye	InterRegio / D-Zug	157-170	Städte (auch	Benachbarte
Passagierskie	Eilzug /	171-699	Fast überall	Verbindung
Elektritschka*	Nahverkehrszug / Regional- / S-Bahn	700 und höher	Überall	Verbindung Städte – Vororte / Landregionen

Da in Russland jede Reise über den Dunstkreis der eigenen Stadt hinaus eine Fernreise ist und gleich mal acht Stunden dauert, sind sehr viele Züge Schlafwagenzüge. Nicht in all diesen Zügen gibt es die Luxusklasse (L). Die wird gerne an Touristen verkauft, da die meisten Russen, die sie sich leisten könnten, lieber fliegen. Hier ist der Service erstklassig. Wobei es mittlerweile noch eine Spur eleganter geht, durch sogenannte Firmenwagen.

Firmenwagen werden von privaten Gesellschaften betrieben, sind tadellos und die DB könnte weder beim Service noch bei der Ausstattung und schon gar nicht beim Preis mithalten. Firmenwagen gibt es auf der Strecke Moskau-Petersburg, Moskau-Sotschi und bis zum Baikal (allerdings nur während der russischen Reisesaisons).

Wer nicht ganz so anspruchsvoll ist, kann mit der K-Klasse fahren. P-Klasse-Wägen sind Großraum-Schlafwägen und bei Fahrten, die manchmal über längere Tage gehen, nur etwas für Freaks.

Klasse	Russische Bezeichnung	Entsprechung	Beschreibung
L	2 Mestnyi Mjaki	Luxusklasse	2-Bett-Abteile mit viel Service und luxuriöser Ausstattung*
K	Kuejnyi	1. Klasse	4-Bett-Abteile, dimmbare Radioberieselung
P	Platzkartnyi	2. Klasse	Großraumwagen mit Bänken, die zu Liegen umbaubar sind
O	Obschi	3. Klasse	Schäbiger, einfach gestalteter Großraumwagen**

* nur in Skorye-Zügen, ** nicht in Skorye- und Skorostnye-Zügen

Nicht zu vergessen der Sapsan, ein Hochgeschwindigkeitszug zwischen Moskau und Petersburg. Gebaut von Siemens und mit beeindruckenden Preisen. Dafür ist man in gut 4 Stunden in Petersburg oder der Hauptstadt Moskau.

Für russische Studenten, die Geld sparen müssen, aber im Sommer von Moskau ans Schwarze Meer möchten, gibt es noch eine Supersparpreisvariante. Sie fahren mit Elektrischkas (Nahverkehrszüge) von Moskau nach Kaluga von Kaluga nach Waronisch und nach einigen Tagen sind sie in Sotschi. Da meistens noch schwarzgefahren wird, gilt bei der Methode „billiger ist nur zu Hause bleiben". Allerdings, bequem und angenehm Reisen ist etwas anderes, als auf den harten Bänken und vielen Stopps bis zum Ziel durchzuhalten.

Es soll Leute geben, die in jungen Jahren so bis nach Wladiwostok, hin und zurück, gefahren sind.

Über nichts kann man so wenig Allgemeines sagen, wie über russische Bahnhöfe. Großstädte haben zum Teil Bahnhöfe, bei denen sich selbst die Vorzeigeobjekte Mitteleuropas mit der Konkurrenz um die prunkvollste Fassade schwertun. In den Bahnhöfen gehen alle Uhren nach Moskauer Zeit. Auch die Fahrpläne in den Bahnhöfen sind Moskauer Zeit. Dies ist bei der riesigen Anzahl von elf Zeitzonen in Russland sinnvoll, um den Zugfahrer nicht komplett zu verwirren. Gerade bei Fahrten ins tiefe asiatische Russland sollte man aufpassen, dass man in den richtigen Zug einsteigt.

Zeitzone	Russische Städte in der Zone	Umrechnung Moskau Zeit
Osteuropazeit	Kaliningrad (Königsberg)	- eine Stunde
Moskau-Zeit	Astrachan, Moskau, Petersburg, Samara, Kirow	Keine
Jekaterinburg-Zeit	Kurgan, Orenburg, Perm, Jekaterinbg	+ zwei Stunden
Omsker Zeit	Nowosibirsk, Omsk	+ drei Stunden
Krasnojarsker Zeit	Amakan, Kemerowo, Tomsk	+ vier Stunden
Irkutsker Zeit	Irkutsk, Ulan Ude	+ fünf Stunden
Jakutsker Zeit	Jakutsk, Tschita	+ sechs Stunden
Wladiwostok-Zeit	Chabarowsk, Wladiwostok	+ sieben Stunden
Magadan-Zeit	Magadan, Kamtschatka	+ acht Stunden

Die Transsibirische Eisenbahn

Die Transsibirische Eisenbahn ist die längste und die berühmteste Eisenbahnstrecke der Welt. Selbst andere legendäre Strecken im Land wie die Transmongolische Eisenbahn oder die Baikal-Amur-Magistrale können mit dem Mythos Transsib von Moskau nach Wladiwostok nicht mithalten. Formal ist die Bahnstrecke eigentlich nur die Strecke von einem der 156 landesweiten Skorye-Schnellzügen.

Wer mit der Transsibirischen fahren will, tut gut daran, sich spezielle Literatur zu besorgen (Tipps im Anhang) und die einschlägigen Internetseiten zu durchforsten, denn auf dieser gewaltigen Bahnstrecke durch acht Zeitzonen gibt es so viel Sehenswertes, dass man genau wählen muss, was man auf seinem Weg von Osteuropa bis kurz vor Japan sehen will. Es würde den Rahmen dieses Ratgebers sprengen, hier Tipps zu geben.

Eine beliebte Alternative, die gerne von Veranstaltern als Transsib-Abenteuer angepriesen wird, ist die Zugfahrt von Moskau nach Peking. Diese ist jedoch eine Abzweigung von der Transsib. Die Transmongolische Eisenbahn von Sibirien über die Mongolei nach China. Die transsibirische und transmongolische Strecke sind touristisch voll erschlossen und viele Anbieter verkaufen Tickets. Wer so „richtig" russisch Bahn reisen und tief ins Land abtauchen will, ist auf anderen Strecken besser aufgehoben. Zudem haben die auf der Transsib-Route verkehrenden Luxus-Sonderzüge. Hier gibt es alles in der sogenannten „Goldklasse": Klimaanlage, Toilette, Dusche,

Fußbodenheizung, Kleiderschrank, Kühlschrank, Sessel, Kleintisch, LCD-Monitor, DVD-Player und Hifi-Anlage. Jedes Jahr werden auch einige Sonderreisen mit edlen Zügen, zum Beispiel von Paris aus, auf der Transsib angeboten.
Diese Reisen haben schnell den Preis eines Kleinwagens.

Nahverkehrszug Elektrischka

Nahverkehrszüge in Russland sind spartanisch im wahrsten Sinne des Wortes. Holzbänke gibt es ebenso, wie schlechte oder kaum funktionierende Heizungen im Winter. Die Elektrischkas sind die einfachste, typischste und häufigste Version des Vorstadtzuges mit einer Einheitsklasse in alten Triebwägen. Das lautstarke Feilbieten von Waren wie Zahnbürsten oder Schuhcreme durch Fahrgäste ist in voll besetzten Nahverkehrszügen üblich. Also nicht wundern, wenn der Sitznachbar mit Plastiktüte plötzlich aufsteht, herumschreit und ein paar Kämme aus der Tasche zieht. Er versucht, sie zu verkaufen. Wenn man nichts kaufen will, ignoriert man am besten den Trubel und wird dann in Ruhe gelassen.

Metros nicht nur in Moskau

Metro gibt es nicht nur in Moskau. Fast jede andere Millionenmetropole im Land (von denen es 12 gibt) hat eine eigene U-Bahn. Für alle gilt gemeinsam, dass das Metrofahren in Russland um einiges billiger ist als weiter westlich in Europa (Einzelfahrt in Moskau ca. 70 Cent). Die Metrozüge sind im Vergleich zu dem, was zum Teil überirdisch auf den Schienen verkehrt, recht modern.

Neben den beiden größten Millionenstädten verfügen noch Jekaterinburg, Nischni Nowogard, Nowosibirsk, Wolgograd, Samara und Kasan über eine eigene Metro.

Die U-Bahnen all dieser Metropolen haben eines gemeinsam: Sie bestehen aktuell nur aus einer oder zwei Linien. Geplant vor Jahrzehnten als Dreiliniennetz mit drei Umsteigebahnhöfen, gingen allerorten die Arbeiten im Schneckentempo vor sich - nach dem Ende der Sowjetunion noch langsamer als davor. Klamme Kommunalfinanzen und wenig staatliche Förderung sind die Ursachen, dass die eigentlich dringend benötigten U-Bahnen das überlastete Busnetz bis heute kaum ausreichend ergänzen können.

Straßenbahn

In Moskau, Waronisch oder Wladiwostok gibt es noch die Straßenbahn. Oft fährt sie entlang historischer Zentren und an regnerischen Tagen sollte man sie als Tourist ruhig mal ausprobieren. Verloren gehen kann man nicht, zur Not reicht einfach zurück fahren bis zum Einsteigepunkt.

Durch Russland mit dem Fahrrad

Ein Kapitel wie dieses wäre vor zehn Jahren noch keinem Russland-Ratgeber eingefallen. Doch auch hier haben bereits in den 90er Jahren Extremsportler Vorarbeit geleistet und gleich das ganze Land ohne ernste Zwischenfälle auf ihrem Drahtesel durchquert (parallel zur Transsibirischen Eisenbahn). So extrem muss es nicht sein, aber es gibt immer mehr „normale" Radtouristen, die ein Stück auf russischem Boden unterwegs sind.

Vor allem Umrundungen der Ostsee sind unter Langstreckenradlern beliebt. Findige Reiseveranstalter haben den neuen Trend schon erkannt und bieten zum Beispiel organisierte Radreisen mit dem Mountainbike im Altai an, der natürlich unberührte Natur besser bieten kann als überfüllte Alpentäler. Verglichen mit Autotouristen haben Radfahrer einen unproblematischen Grenzübertritt - das jedenfalls geht aus einer Reihe von Reiseberichten gleichlautend hervor. An Sonderbestimmungen für Radler hat der russische Zoll wohl noch gar nicht gedacht.

Radler-Ausrüstung

Wenn man auf einer ländlichen russischen Straße so richtig auffallen will, dann am besten in der typisch westlichen Rennradler-Montur, in der viele Freizeitfahrer mittlerweile auf den Straßen Mitteleuropas herumfahren. Diese ist in Russland außerhalb von Radrenn-Veranstaltungen praktisch unbekannt. Radfahrer sind in Russland - aufgrund der weiten Entfernungen - seltener anzutreffen als auf mitteleuropäischen Wegen.

Selbst Fahrradhelme sieht man kaum. Wichtiger als solch ein Outfit ist für den Radfahrer durch Russland ein sehr stabiles Fahrrad.

Hauptstraßen haben oft tiefe Schlaglöcher (siehe Straßen in Russland). Deswegen sollten Radwanderer in Russland nach Möglichkeit immer in der Gruppe unterwegs sein. Nebenstraßen sind zum Radfahren aufgrund des extrem schlechten Belages (z.B. Schotter) oft völlig ungeeignet, eine genaue Karte sollte man von seinem Gebiet dabei haben (siehe Navigation im Autoteil). Es gibt aber bereits die Möglichkeit Fahrräder zu mieten. Meistens bei Veranstaltern für Naturtourismus in abgelegenen Orten, die Zelte etc. zum Vermieten anbieten, aber auch in Großstädten wie Petersburg.

Russische Radwege ... soll es Gerüchte halber in einigen Millionenstädten geben. Gesehen haben die Autoren dieses Ratgebers noch nie einen. Es ist nicht so, dass kein Bedarf an ihnen bestünde, denn der Verkehr und der Fahrstil in den Großstädten würden solche Wege auf jeden Fall rechtfertigen.

Zum Ausgleich wird es eigentlich toleriert, wenn Radler auf breiteren und nicht zu stark frequentierten Gehwegen unterwegs sind. Das Traumland für Radtouristen wird Russland jedoch trotz der schönen Landschaften kaum werden, bei der Infrastruktur hat niemand an sie gedacht.

Zu Wasser

Mit dem Schiff

In Russland spielt die Schifffahrt traditionell nur regional eine größere Rolle, da ein beträchtlicher Teil des Landes sich weit entfernt vom Meer befindet. Das gilt umso mehr für die Wege von und nach Mitteuropa, die fast alle durchgängig über Land führen. Dennoch gibt es einige Möglichkeiten, per Schiff nach Russland zu gelangen und einige, sich das Land durch eine Reise zu Wasser anzuschauen (die berühmten Flusskreuzfahrten).

Hochseefähren nach und innerhalb Russlands

Die meisten Fährverbindungen vom Westen nach Russland gibt es über die Ostsee. Ab den deutschen Häfen Lübeck oder Rostock fahren Fährgesellschaften nach Kaliningrad und Sankt Petersburg, in die Newa-Metropole meistens über Finnland. Auf den Lkw-Transport haben sich daneben sogenannte Lastkähne spezialisiert, die ebenso auf der Ostsee von Ost nach West pendeln, damit sich die Trucker den Transit über Weißrussland oder die Ukraine sparen können. Häufiger als nach Russland selbst verkehren Ostseefähren ins Baltikum nach Estland, Lettland und Litauen. Von dort gelangt man via Estland auch ohne Durchquerung eines weiteren Transitstaates in die Russische Föderation. Diese Fähren sind über jedes Reisebüro buchbar, die Preise jedoch gesalzen, wenn man nicht einen Liegestuhl an Deck mieten will. Rein innerrussische Fähren gibt es ebenfalls über die Ostsee, genauer gesagt über den Finnischen Meerbusen, an dem Sankt Petersburg liegt. Von dort fahren Tragflügel-Personenfähren in die umliegenden

Urlaubshochburgen, die direkt am Meer liegen, wie Peterhof oder Kronstadt. Die Tragflügelboote sind sehr schnell, aber Touristenfallen für Ausländer, die für ihr Ticket hochoffiziell einen wesentlich teureren Preis zahlen als Russen. In russischer Begleitung kann man gefahrlos mit einem Inländerticket fahren, wenn die Russen es besorgen und man sich beim Ein- und Aussteigen ruhig verhält, da auf den Booten nicht mehr kontrolliert wird.

Von mitteleuropäischen Reisenden wird meist vergessen, dass noch ein zweiter Weg über Wasser nach Russland führt - über das Schwarze Meer. Ab Istanbul und Trapezunt (Trapezon) in der Türkei verkehren jede Woche Fähren der Reederei Vessel namens Apolonia und Princes Erica direkt zum Badeort Sotschi in Russland. Plätze sind international buchbar, Adressen hierzu im Anhang. Von Kerch auf der Krim in der Ukraine gibt es eine tägliche Fähre in den russischen Hafen Kawas. Andere Meere spielen bei der Anreise nach Russland natürlich schon aus geographischen Gründen keine Rolle. Da Weltenbummler das halbe oder ganze Land durchqueren und dann ganz woanders nach einer Verbindung suchen, noch einige Worte zu Fähren über ferne Meere von und nach Russland.

Im russischen Fernen Osten verkehren Fähren über das Japanische Meer. Ab Wladiwostok, dem Endbahnhof der Transsibirischen Eisenbahn, fahren sie über dieses Nebenmeer des Pazifiks nach Japan zum Hafen Fuschiki. Die Fähre fährt einmal pro Woche. Es handelt sich um komfortable Hochseeschiffe mit Restaurants und russischer Küche, die Reisezeit beträgt zwei Tage. Über das gleiche Meer führen Linien innerhalb der russischen Staatsgrenzen vom Festland

(Wladiwostok und Nachodka) zur russischen Insel Sachalin (Hafen Juschno-Sachalinsk) und den ebenfalls zu Russland gehörenden Kurilen. Bei den russischen Inlandsfähren darf man wie so oft beim Komfort keine gehobenen Erwartungen haben. Von Sachalin geht es dann weiter per Fähre nach Japan zur dortigen Nordinsel Hokkaido.

Das Kaspische Meer, eigentlich ein großes Binnengewässer, wird ebenfalls von Fähren überquert. Vom russischen Machatschkala (Dagestan) fahren Fährlinien nach Kasachstan und Turkmenistan. Bei diesen Fähren sollte man nicht mit Kabinen im westlichen Standard oder Kenntnissen westeuropäischer Sprachen rechnen. Auch sollte man nicht vergessen, dass sich Dagestan in einer unruhigen Kaukasusregion befindet. Das einzige fährfreie Meer ist das Nordpolarmeer, dessen einsame, vereiste Küste aber schon aus naturbedingten Gründen für eine ganzjährige Linienverbindung ungeeignet ist.

Seekreuzfahrten und Extremreisen

Kreuzfahrtschiffe steuern Russland als Zwischenstation auf zwei Meeren an. Sehr viele Ostseekreuzfahrten führen über Sankt Petersburg, jedoch reicht für diese Stadt der meist eintägige Landgang zur Erkundung bei Weitem nicht aus. Seltener wird auf der Ostsee die Region Kaliningrad angesteuert, meist wegen der berühmten Naturlandschaft Kurische Nehrung. Noch seltener fahren Schwarzmeerkreuz-fahrten nach Russland, obwohl ein Teil der Küste russisch ist. Die meisten Kreuzfahrtschiffe auf dem Schwarzen Meer pendeln an der West- und Südwestküste zwischen Rumänien und der Türkei. Weniger für den typischen Kreuzfahrttouristen, als für den abenteuerlichen Extremurlauber ist ein Angebot anderer Spezialreiseveranstalter: Mit dem Eisbrecher über das Nordpolarmeer. Seite an Seite mit der Mannschaft kann man dort im hohen Norden für dieses exklusive Urlaubserlebnis eine Menge Geld loswerden.

Viel billiger, aber für Abenteurer kann man einfach versuchen mit der Besatzung eines Handelsschiffs einen Preis auszumachen und so mitgenommen zu werden, allerdings setzt dies Sprachkenntnisse voraus.

Binnenkreuzfahrten

Die beliebteste und weitverbreitetste Art von Schiffsreisen für Ausländer sind Flusskreuzfahrten auf den großen Strömen des Landes. Über jeden normalen Reiseanbieter und für meist viel Geld sind Kreuzfahrten auf der Wolga, dem Don oder der Newa zu haben, doch dieser Ratgeber richtet sich vor allem an Leute, die etwas anderes wollen. Hier haben sich mittlerweile Spezialveranstalter gefunden, die Flusskreuzfahrten für Ströme wie die Lena in Sibirien oder den Amur in Russisch Fernost anbieten. Dass es auch ohne Veranstalter geht, beweisen immer wieder Reiseberichte von Globetrottern.

Gerade in Sibirien sind die großen Ströme wie Ob, Jenissej und Irtysch die Lebensadern des Landes und entlang gibt es ganz reguläre Schiffs- und Fährverbindungen, mit denen man zu einem günstigen Preis über mehrere Tage die Flussschifffahrt genießen kann. Überflüssig zu erwähnen, dass es für solche Schiffe keine vom Westen aus erwerbbare Tickets gibt und man vor Ort schauen muss, wann wo wer fährt. Wie so oft begegnet uns auch an dieser Stelle die Regel, dass in Russland vor allem das günstig ist, was man sich vor Ort besorgt und besorgen muss und das man weder über ein Reisebüro um die Ecke noch über den Spezialisten bekommt.

Wie so oft sind natürlich Komfortansprüche westlicher Touristen nur bei den teuren Angeboten der Spezialveranstalter garantiert. Von diesen genutzte und für Westtouristen umfangreich hergerichtete Schiffe unterscheiden sich erheblich von dem, was fünf Meter daneben ohne Westbuchbarkeit über den gleichen Fluss fährt. Das betrifft nicht nur den Komfort, sondern auch das Freizeitangebot oder sanitäre Anlagen.

Binnenkreuzfahrt gibt es in Russland nicht nur auf den Strömen, sondern auch auf großen Seen. So auf dem Ladogasee, dem größten See Europas, dem weltberühmten Baikalsee oder dem Onegasee, der Nummer zwei in Europa. Passagen für Flussfahrten lassen sich auch vor Ort im Hafen kaufen.

Wo man nicht unterwegs sein sollte

Den allergrößten Teil Russlands kann man auf den verschiedensten Wegen bereisen, wenn man sich vorher wie mit diesem Buch ausreichend informiert. Für ein so riesiges Land gibt es nur vergleichsweise kleine Landstriche, wo man keinen Urlaub machen sollte.

Krisenregionen

Auch der unerfahrenste Russlandreisende wird sich denken können, dass eine Reise nach Tschetschenien trotz der teils idyllischen Landschaft nicht empfehlenswert ist, auch wenn die Situation dort nicht mehr kriegerisch ist.

Andere benachbarte Kaukasusrepubliken sind für Touristen ebenfalls unsicher: Dagestan, Inguschetien, Nordossetien (traurig bekannt durch die Geiselnahme von Beslan) und Kabardino-Balkarien, also der östliche Kaukasus bis zur Küste des Kaspischen Meeres.

Sperrgebiete

In Russland gibt es wenige Landstriche, die wegen militärischer Anlagen, Industrien oder wertvoller Bodenschätze für Ausländer ohne Sondergenehmigung gesperrt sind. Touristengegenden sind nicht betroffen. Wegen dieser Gebiete wird in manchem Reiseführer ein richtiger Mythos aufgeblasen, doch sie sind gar nicht so außergewöhnlich. Wer einmal einfach so in ein US-Wohnviertel in Deutschland wollte, wird gemerkt haben, dass es auch vor der eigenen Haustüre solche Gebiete gibt, in die man nicht ohne Weiteres kommt - und nichts anderes sind die Sperrgebiete in Russland. Wobei es für Ausländer gesperrte und für Ausländer nur mit Genehmigung zu betretende Gebiete gibt. Sie sind meist nicht viel größer als Sperrbereiche, die man aus Deutschland kennt, nur wenige umfassen eine echte Stadt oder ein größeres Gebiet. Die Städte Norilsk und Dudinka können von Ausländern nur mit Sondergenehmigung des FSB betreten werden. Die Mehrzahl der Sperrgebiete sind Einzelobjekte (Gebäudekomplexe), in die man ohne Genehmigung nicht darf. Wer in einen genehmigungspflichtigen Ort reisen will, soll der Wache den Grund seines Besuchs mitteilen und er bekommt dann entweder die Erlaubnis oder nicht. Wegen der größeren Sperrgebiete erhält man vorab Informationen von der russischen Botschaft über die Modalitäten einer Sondergenehmigung durch das zuständige Ministerium.

Was man sonst noch zum Leben braucht
Hotels in Russland

Wohl kein Land auf der Welt bietet bei Hotelbuchungen eine so große Preisspanne wie die Russische Föderation. Die Hotellandschaft Russlands krankt jedoch an einem großen Problem – einer Angebotslücke in einem wohl gerade für viele Leser dieses Ratgebers wichtigen Bereich. Zum einen gibt es in jeder Stadt über 500.000 Einwohner luxuriöse bis gehobene Angebote mit fünf oder vier Sternen und entsprechendem dreistelligen Preisniveau.

Zum anderen gibt es außer in den guten Lagen Moskaus und Sankt Petersburgs das pure Osteuropa und Mittelasien in Hotelform, wie man es in seinem mitteleuropäischen Kopf hat - alles ein wenig kaputt, alles spartanisch, dafür meistens billig. Sanitäre Anlagen sind in diesem Falle vorwiegend im klassisch-sowjetischen Stil. Das Problem ist: Dazwischen gibt es selten. Mit dem Westniveau vergleichbare Angebote im Bereich der Mittel- oder Economy-Klasse (so etwas um die zwei bis drei Sterne) sucht man meistens vergebens oder es ist prinzipiell ausgebucht.

Hotels in Moskau und Sankt Petersburg - billig ist anders

Moskau ist bekannt für die höchsten Hotelpreise Europas. Was von West- und Mitteleuropa aus buchbar ist, übertrumpft preislich sogar andere besonders teure Metropolen wie Paris oder London. Der Grund ist ein ständiger Zuwachs der Touristenzahlen, mit dem das Wachstum der Hotellandschaft bei Weitem nicht mithalten kann. Ein günstiges Hotel vom

Westen aus zu finden, ist in Moskau nicht mehr möglich, Angebotslücken betreffen in Moskau vor allem den mittleren und Economy Bereich. Es wird noch sehr lange dauern, bis ein Lichtstreifen am Horizont der Moskauer Unterkunftsknappheit sichtbar sein wird, denn während Hotels nachgebaut werden, steigen die Übernachtungszahlen in der Stadt unaufhörlich weiter. Viele der Neubauten sind Luxusbunker im vier bis fünf Sterne Bereich. So wird sich die Explosion der Übernachtungspreise in Moskau (um bis zu 100 % in wenigen Jahren) nicht mehr rückgängig machen lassen.

Die Qualität der Hotelzimmer ist nicht immer so herausragend wie der Preis. Um es gleich vorwegzunehmen: Günstigere Alternativen zu den überteuerten Hotels zu finden, ist mitten in Moskau kaum möglich. Jeder, der irgendetwas für Auswärtige zu vermieten hat, kann das aufgrund der Bettenknappheit für einen gesalzenen Preis tun, ohne dass er auf seinem Übernachtungsangebot sitzen bleibt. So haben selbst sonst gut bestückte Alternativanbieter in Moskau kein günstiges Dach über dem Kopf auf Lager.

Für Sankt Petersburg gilt das über Moskau geschriebene, auch wenn die Preise nicht ganz so extrem sind. Was man im Westen über sein Standard-Reisebüro bekommt, hat ein Preisniveau, das grundsätzlich nicht unter dem vergleichbarer mitteleuropäischer Häuser liegt, unter 55 Euro pro Nacht ist von hier aus nichts zu finden. Allerdings gibt es in Petersburg sogenannte Minihotels, die durchaus angenehm und billiger sind als Hotels. Diese sind oft über Monate im Voraus ausgebucht!

Hotels im Rest von Russland

Wir sind hier mal so vermessen, dass wir das ganze übrige Russland hotelmäßig in einem kurzen Absatz zusammenfassen. Denn das ganz oben in diesem Kapitel allgemein beschriebene Bild mit dem teuren Luxus hier und dem knallharten Osteuropa dort, zieht sich hinter Moskau durch alle Städte. Es gibt eine einfache Faustregel innerhalb von Städten: Je größer die Stadt und je mehr Westreisende, desto mehr Luxusangebote. Ansonsten sind die Orte, die viele russische Besucher haben, mittlerweile mit sympathischen kleinen Minihotels ausgerüstet (Jaroslaw, Pskow etc.).

In Jagdgebieten kann man sehr interessante private rustikale Minihotelunterkünfte finden, allerdings sollte man dafür das russische Internet zurate ziehen (Suchmaschinen am Ende dieses Reiseführers). Diese Hotels haben die russische Mittelklasse und nicht Ausländer als Zielgruppe. Russischkenntnisse sind aus diesem Grunde unerlässlich. Die restlichen Angebote beinhalten pures Osteuropa oder Mittelasien, wobei sich die geografische Ostgrenze Europas nicht spürbar bemerkbar macht.

Die Luxusangebote sind meist sehr zentral, die schäbigen Hotels eher in den Randgebieten der Stadt, Jagdminihotels auf dem Lande, meistens an Flüssen und Seen. Natürlich mag es hier die eine oder andere Abweichung geben, so etwas kann man bei diesem Riesenland nie ausschließen, aber das Gesamtbild ist recht treffend beschrieben. Vom Westen buchbar sind immer die Luxus-Etablissements, über Spezial-Suchmaschinen auch billigeres. Es gilt jedoch die einfache

Formel: Die Sterne sagen nichts über den Zustand des Etablissements aus.

Privatunterkünfte

Man wohnt überall auf der Welt am besten privat. Im ganz besonderen Maße gilt dies in Russland, nicht zuletzt wegen der berühmten russischen Gastfreundschaft, die man erst im privaten Umfeld richtig kennenlernt. Die selbst in Servicebetrieben manchmal schroffen Russinnen und Russen blühen hier auf und zeigen ihre wahre Herzlichkeit. Doch nicht jeder hat das Glück, in die Privatwohnung einer russischen Familie zur Übernachtung eingeladen zu werden. Hier ein paar Tipps, wie man an eine eigene Privatwohnung für den Russlandaufenthalt kommt.

Privat und teuer - Moskau und Sankt Petersburg

Es war einmal eine gute alte Zeit in den früheren Tagen des neuen Russlands, da kamen in Moskau und Sankt Petersburg viele Leute auf die Idee, leer stehende, aber eingerichtete Privatwohnungen kurzfristig an Reisende zu vermieten und andere, solche zu vermitteln, meist über Sankt-Petersburg-Insider oder Einheimische, welche die Gäste nicht selbst unterbringen konnten. Damals - in dieser schönen Zeit - waren das sehr günstige Angebote an eine Ferienwohnung zu kommen, die wesentlich geräumiger war als jedes Hotelzimmer. Doch es ist auch schon lange her, da wurden diese Appartements von westlichen Reiseveranstaltern entdeckt und seit Jahren ist es kaum noch möglich, in diesen beiden

Haupttouristenzielen eine Wohnung günstig zu erhalten. Mittlerweile werden sie direkt nach Westeuropa und Nordamerika vermittelt, aber nicht günstig, sondern für gutes Geld. Das Ausstattungsniveau hat sich dafür gemäß den Ansprüchen vieler Touristen ebenfalls erheblich gesteigert. Immer mehr vermietbare Wohnungen gerieten so in den Sog des Tourismus und heute gibt es praktisch keine kurzfristig vermietbaren Wohnungen mehr. Eine billige Schlafstatt findet man in Moskau und Sankt Petersburg nur auf einem anderen Weg und mit gutem Russisch.

Vor den Konsulaten und Botschaften westlicher Staaten (Konsularabteilungen sind oft nicht im Botschaftsgebäude!) gibt es immer lange Schlangen von Russen, die für ein Besuchsvisum im Ausland anstehen. Dort finden sich immer Leute (einfach auf der Straße), die den Wartenden vor Ort einen Übernachtungsplatz anbieten, großteils irgendwo in der eigenen Wohnung. Da die Leute in der Schlange fast alle knapp bei Kasse sind und aus einem Umkreis von oft 1000 Kilometern kommen, gibt es dort die billigsten Übernachtungsmöglichkeiten. Mehr als einen einfachen Platz zum Schlafen darf man aber nicht erwarten (kein Komfort, keine Privatsphäre).

Privatwohnungen im übrigen Russland

In den anderen Städten bis hin zu Metropolen sind die von privat für kurze Zeit vermietbaren Wohnungen noch nicht oder zum größten Teil nicht vom Westen aus reservierbar. Derartige Vermietangebote finden sich in den örtlichen Zeitungen und im Internet, in denen Agenturen inserieren. Diese Angebote richten sich fast ausschließlich an Russen. Damit kommt man an Unterkünfte, die oft sehr nett und sehr günstig sind, nur mit entsprechender russischsprachiger Begleitung heran. In der Provinz hilft es, einfach Leute fragen.

Camping

Camping im westlichen Stil mit fest organisierten Campingplätzen gibt es in Russland nur in den Regionen Moskau, Sankt Petersburg und an der Schwarzmeerküste und nur sehr vereinzelt. Die Plätze sind nicht besonders beliebt, weil die Sauberkeit zu wünschen übrig lässt und die Einsamkeit mit der Natur fehlt. Wenn Russen draußen übernachten, dann einfach irgendwo in der Landschaft, wo es schön ist und kein Hahn danach kräht. Als ortsunkundiger Gast sollte man jedoch - wenn möglich - den Besitzer eines Grundstücks ausfindig machen oder die Oma auf der Bank im nächsten Dorf und fragen, bevor man sein Zelt aufschlägt.

Wahlweise auch die Verkäuferin im örtlichen Laden interviewen. So vermeidet man, in sogenannten "Zonen" zu campen, der Umgebung von Strafanstalten. Dort ist Camping zwar nicht verboten, aber nicht empfehlenswert, da Haftentlassene und Begnadigte im russischen Strafsystem einfach so ohne alles vor die Tür gesetzt werden und sich dann selbst irgendwie durchschlagen. Camping ist in Russland kein durchorganisiertes Hobby mit festen Anhängern und festen Plätzen, sondern zwanglos. An den Straßen ausgewiesene Rastplätze werden jedoch nicht zum Camping genutzt, auch wenn die Beschilderung ein wenig nach einem Campingplatz ausschaut.

Offiziell ist die Übernachtung auf Autobahnraststätten und auf Straßen außerorts verboten. Ein für Camper interessantes Angebot, das sich aber wieder mal an russische Inlandsurlauber wendet, ist die Vermietung von Hütten in sogenannten „Basa" - kleinen touristischen Hüttensiedlungen in der Natur. Leider ist deren Standort aber nur für Insider, die sich mit russischsprachiger Begleitung längere Zeit in einer unter Inlandstouristen beliebten Urlaubsgegend aufhalten, ermittelbar oder zum Beispiel durch Blick ins Internet. Teilweise sind die Hüttensiedlungen gut in Schuss, teilweise etwas verfallen. Sein Wohnmobil kann man gerne überall hinstellen, denn das im Westen auf vielen Parkplätzen bekannte Wohnmobilverbot existiert in Russland nicht.

Am geeignetsten sind für kurze Aufenthalte bewachte Parkplätze, auf denen man jedoch schlecht seine Campingmöbel aufstellen kann. Ein Tipp ist Russland für 4x4-Wohnmobilfahrer, denn wer abseits der befestigten Straßen unterwegs sein kann, findet am besten Wege zu sehr idyllischen Zielen in überwältigender Natur. Größere Ansammlungen von Campern soll es an den bekannten Seen im dichter besiedelten europäischen Teil Russlands geben, wie am Ladoga- oder Peipussee an der Grenze zu Estland oder in Karelien in der finnisch-russischen Grenzregion. Wohnwägen oder riesige Hauszelte wie im Westen wird man aber kaum finden, eher kleinere und einfache Zelte.

Gesundheit

In den großen Städten gibt es heute genügend Privatkliniken, an die Sie sich jederzeit wenden können. Wenn Sie jedoch russische Bekannte haben, bitten Sie besser diese um Hilfe. Russen gehen im Regelfall zu Ärzten, die Ihnen empfohlen werden oder mit denen Sie persönlich bekannt oder verwandt sind. Der Service ist besser, freundlich, ohne Warteschlange und risikoloser als bei unbekannten Ärzten. Sind Sie irgendwo tief in der Provinz, brauchen Sie sich nur bei den Leuten nach dem nächsten "Fälscher" zu erkundigen. Diese Art der Medizin mag zwar nicht zeitgemäß sein, aber Fälscher sind erstaunlich gut insbesondere bei Unfällen und Erkrankungen, die typisch bei der Landbevölkerung sind.

In Bezug auf Krankheiten sollte man - wie in Deutschland - im Besitz einer aktuell wirksamen Tetanus-Impfung sein. Wer einige Tausend Kilometer auf abenteuerlichen Wegen durch das ganze Land will, dem empfehlen wir Impfungen gegen Diphtherie und Hepatitis A. Welche weitere Impfungen für Besuche in eventuell extreme Gegenden (Sibirische Tundra, Russisch Fernost) empfohlen werden, weiß jeder Arzt, die Botschaft oder das Auswärtige Amt.

Die Polizei

Ein paar Anmerkungen zur Polizei, ehemals „Miliz" genannt. Für Autofahrer befinden sich Infos im entsprechenden Kapitel. Allgemein gilt: Keine übermäßige Angst vor der Polizei, willkürliche Verhaftungen von Westtouristen sind uns trotz zahlreicher Kontakte nach Russland nicht bekannt.

Für den Fall der Fälle: Sollten Sie festgenommen werden und keine kriminelle Tat begangen haben, kann Sie die Polizei max. drei Stunden zur Feststellung der Personalien festhalten. Wurden Sie länger festgehalten, so können Sie sich bei der Migrationsbehörde beschweren (u.a. existiert ein Beschwerdebuch, in das Sie zur Niederschrift diktieren können). Sollten Sie in Konflikt mit dem Gesetz geraten sein, suchen Sie einen Rechtsanwalt auf und kontaktieren Sie Ihre jeweilige Botschaft.

Medien - Infos im Internet

Im Zeitalter von Internet spielen Papierauflagen eine untergeordnete Rolle. Im Internet sind die jüngeren Russen alle unterwegs. Wer in Russland keine Internetseite hat, den gibt es sozusagen einfach nicht. Das deutsche Fernsehprogramm gibt es nur via Satellit oder Internet. Deutschsprachige Fernseh- und Radiosender aus Russland selbst gibt es nicht. Im Internet erscheinen mehrere deutschsprachige Onlinezeitungen, die Sie im Anhang finden.

Sicherheitstipps

Es gibt in Russland etwas, das nennt sich „Lochatron" oder zu Deutsch "wer ist doof genug"! Geben Sie niemals Unbekannten Ihr Mobiltelefon, egal welche Geschichte man Ihnen erzählt. Ziel dieser Aktion ist nicht das Telefonieren, sondern das Entwenden des Gerätes. Tragen Sie Geld am Abend ohne Brieftasche in der Innentasche Ihres Sakkos mit. Zeigen Sie keine dicken Geldbündel an öffentlichen Orten. Geben Sie

Bettlern insbesondere Kindern kein Geld und lassen Sie sich nicht in Gespräche mit diesen verwickeln, es handelt sich im Regelfall um organisierte kriminelle Gruppen.

Wenn Sie ein Zimmer oder eine Wohnung mieten möchten, zahlen Sie nicht für Adressen. Jeder Makler zeigt Ihnen kostenlos die Objekte, bezahlt wird üblicherweise erst bei Vertragsabschluss. Der Rubel ist frei konvertierbar, wechseln Sie Geld nur bei Wechselstuben und niemals auf der Straße. In Großstädten sollten Sie keine Geldbörsen und andere Wertsachen aufheben. Es gibt in diesem Zusammenhang ein paar Tricks von Trickbetrügern.

Visa nach Russland

Als EU- oder Schweizer Bürger kann man noch nicht einfach so in die Russische Föderation hinfahren. Zur Einreise braucht man ein Visum (wie übrigens auch alle anderen Schengenausländer, die nach Deutschland wollen!). Dabei kann sich der Westler jedoch einen guten Teil des Stresses wegkaufen, da es spezialisierte Visa-Agenturen gibt, die Rundum-Sorglos und Rundum-Wohlfühlpakete anbieten. Doch zuerst: Es gibt verschiedene Arten von Visa und nicht für jede Reise ist derselbe Typ empfehlenswert. Für Urlauber sind vor allem folgende Visatypen interessant:

- Touristenvisa - eine Reise mit (offiziell) touristischem Zweck
- Besuchsvisa - eine Reise (offiziell) zum Besuch bei Einheimischen
- Geschäftsvisa- eine (offiziell) geschäftliche Reise.

Zudem existiert noch das Transitvisum (wenn Sie durch Russland mit dem Auto bspw. nach Kasachstan reisen) sowie das Dauervisum (auf Einladung des russischen Innen- oder Außenministeriums).

Für alle Visa benötigt man grundsätzlich:

- Den Reisepass (der Reisepass muss mindestens 3 Monate über das Ende der Reise hinaus gültig sein und mindestens eine freie Seite beinhalten)
- Ein Passfoto 3,5 x 4,5 cm
- Den offiziellen Visaantrag (in Blockschrift oder mit Schreibmaschine ausgefüllt und persönlich unterschrieben; downloadbar auf der Botschaftshomepage und bei vielen Visaagenturen)
- Bei mitreisenden Kindern ab vier Jahren ein Bild des Kindes

im Reisepass oder einen Kinderausweis

- Den Nachweis über eine von der russischen Regierung anerkannte Auslandsreise-Krankenversicherung; Schweizer Staatsangehörige benötigen diese nicht. Bei der Reise-Krankenversicherung ist zu beachten, dass nicht jeder Anbieter in Russland anerkannt ist, sondern nur folgende (Stand Frühjahr 2012): ACE Insurance, ADAC-Schutzbrief Versicherung, Allianz, Alte Oldenburger, ARAG, Asstel, AXA, Barmenia, Bayerische Beamtenkrankenkasse, Central, CIGNA, Concordia, Continentale, DBV-Winterthur, Debeka, DEVK, Deutscher Ring, DKV, ELVIA, ENVIV AS, Europ Assistance, Europa, Europäische, Generali, Gerling, Global Voyager, Globale Krankenversicherung, Gouda Versicherung, Hallesche, Hallesche-Nationale, Hanse-Merkur, HUK Coburg, INTER, International SOS, Interunfall, Karstadt Quelle, LVM, Mannheimer, Munich Reinsurance Company, Neckermann, Nürnberger, Postbeamtenkrankenkasse, PVAG, R+V, Roland, Schwarzmeer- und Ostsee, SIGNAL, Signal IDUNA, Süddeutsche, Union, VAV, Victoria, Württembergische, Würzburger, Фазо; diese Liste ist ständigen Änderungen unterworfen und eine aktuelle Information bei der russischen Botschaft immer erforderlich (http://www.russisches-konsulat.de/versicherungen.htm).

Ab dem 1. November 2010 sind für deutsche Staatsbürger aufgrund des Prinzips der Gegenseitigkeit die Veränderungen des Beantragungsverfahrens von einigen VisaArten eingeführt.

1. Für die Beantragung von Visa für Privat- oder Touristen-Reise wird bei Antragstellung der Auszug von einer Bankrechnung oder andere Garantien der Rückkehrwilligkeit in

den Aufenthaltsstaat verlangt (Nachweis eines regelmäßigen Einkommens durch Arbeits- und Verdienstbescheinigung/im Original, Registrierung der eigenen Firma/Original mit einfacher Kopie, Nachweis von Wohneigentum usw.).

2. Für die Beantragung von Visa für Geschäftsreisen wird verlangt:

(Bei selbstständig Erwerbstätigen) Vorlage und Kopie der Registrierung der eigenen Firma;

(Bei Angestellten oder Arbeitern) Bestätigung des Arbeitgebers über das Beschäftigungsverhältnis auf firmeneigenem Papier, aus dem sich die Position des Arbeitnehmers in der Firma, das monatliche Gehalt und die Entsendung zur Dienstreise nach Russland ergeben.

Hinzu kommt bei Tourismusvisum ein Voucher von einem anerkannten Reiseveranstalter, beim Besuchsvisum eine Einladung der besuchten Person und beim Geschäftsvisum der einladenden Firma. Vouchers werden bis 30 Tage ausgestellt, wer länger bleiben will, reist meist mit Geschäftsvisum (in der Regel bis ein Jahr) oder als Besucher (bis 3 Monate) ein. Wer jetzt weder eingeladen ist noch über einen Veranstalter buchen will, braucht nicht zu verzagen, denn sowohl Vouchers als auch Geschäftseinladungen gibt es über das Internet bei hierauf spezialisierten Firmen käuflich zu erwerben (Adressen im Anhang). Die Preise sind sehr unterschiedlich, vergleichen lohnt sich, denn die Leistung ist identisch. Generell kostet ein Voucher weniger als eine Geschäftseinladung für einen längeren Zeitraum, Zuschläge zahlt man nur für Eilanträge (Express) kurz vor der Reise. Wer Kunde eines Unternehmens ist, das Geschäftskontakte nach Russland hat, kann bei diesem auch mal anfragen, ob es möglich ist eine Einladung zu erhalten - so hat schon manch Reisender seine Geschäftseinladung umsonst bekommen. Welches Visum das Beste ist, hängt davon ab, wie man nach Russland reisen will:

- Das Touristenvisum ist die günstigste Alternative für Kurzaufenthalte bis einen Monat und bis zwei Ein- und Ausreisen, eventuell auch bei Geschäfts- oder Besuchsreisen ohne baldige Wiederholung (Formalitäten bei Einladungen für Besuchsvisum).

- Das Besuchsvisum kann eine Alternative sein, wenn man gute Bekannte in Russland hat, die russische Staatsbürger sind und bei Reisen bis zu drei Monaten, auch bei schwerpunktmäßig touristischen Reisen; wegen des für den Gastgeber verursachten Ämterkrieges und Kosten (es wird oft eine notariell beglaubigte Passkopie des Eingeladenen mit Übersetzung verlangt!) rentiert sich das Besuchsvisum jedoch meist nur, wenn der Einladende „Vitamin B" in der zuständigen Behörde hat.

- Das Geschäftsvisum eignet sich vor allem für längere Reisen oder Reisende mit zahlreichen Ein- und Ausreisen - auch wenn man touristisch reist (siehe Kauf einer Geschäftseinladung); ein Geschäftsvisum ist teurer, aber flexibler als alle anderen, es kann bis zu einem Jahr gelten und man kann sogar eines für beliebig viele Ein- und Ausreisen bekommen; bei vielen kürzeren Reisen hintereinander können mehrere Touristenvisa irgendwann teurer sein als das langfristige Geschäftsvisum; bei Geschäftsvisa mit einer Gültigkeit von mehr als sechs Monaten benötigt man den Nachweis eines Aids-Tests.

Der tatsächliche Hauptzweck der Reise wird übrigens nicht kontrolliert, weshalb Sie den unterschiedlichen Visatypen in der oben gezeigten Übersicht ein „offiziell" vorangestellt finden. Wenn man nicht das Rundum-Sorglos-Paket wählt, erledigt man die Besorgung des Visums bei dem für seinen Wohnort zuständigen russischen Konsulat. Die Konsularbezirke sind nach Bundesländern eingeteilt:

- Generalkonsulat München: Bayern
- Generalkonsulat Bonn: Baden-Württemberg, Hessen, Nordrhein-Westfalen, Rheinland-Pfalz, Saarland
- Botschaft Berlin, Konsularabteilung: Berlin, Brandenburg, Sachsen-Anhalt, Mecklenburg-Vorpommern
- Generalkonsulat Hamburg: Bremen, Hamburg, Niedersachsen, Schleswig-Holstein
- Generalkonsulat Leipzig: Sachsen, Thüringen.

Entscheidet man sich für die selbstständige Antragsstellung, muss man mit sämtlichen Unterlagen und einem adressierten und frankierten Rückumschlag während der Öffnungszeiten zum zuständigen Konsulat. Am besten bringt man dafür viel Zeit mit, denn der Andrang der Auslandsrussen, die neue Pässe oder Ähnliches brauchen, ist groß.

Hat man sich im Vorfeld für eine der zahlreichen Visaagenturen entschieden, läuft man auch nicht Gefahr umsonst zum Konsulat gefahren zu sein, denn wenn man selbst zum Konsulat geht und nicht alles dabei hat, kann es passieren, dass man seinen ganzen Papierwust wieder mit heimnehmen darf. Die Serviceunternehmen machen freundlich per E-Mail auf fehlende Unterlagen aufmerksam, ohne dass zusätzliche Kosten entstehen. Der Visumservice kostet eine Pauschale, die zusätzlich zur Konsulatsgebühr fällig wird. Wer es zum nächsten Konsulat weiter als 100 Kilometer hat, dem empfiehlt sich die Nutzung einer Visaagentur. Diese Dienstleister sind bekannt beim Konsulat und ihre Anträge werden schnell bearbeitet. Die Bearbeitungsgebühr für Visa und Einladung beträgt derzeit (Stand: 07 / 2011) mindestens rd. 70,00 bis 100,00 EUR und richtet sich nach vier Kriterien:

- Die Dauer des Visums / Aufenthaltsdauer in Russland (je kürzer desto billiger)
- Die Art des Visums (nur kleine Unterschiede bei sonst gleichen Bedingungen)
- Die Vorlaufzeit bis zur Reise bei der Beantragung (je länger desto günstiger)
- Die Anzahl der Ein- und Ausreisen (je weniger desto günstiger)

Weitere Gebühren verlangt das Konsulat in Deutschland nicht. Österreicher, Schweizer, Luxemburger und Liechtensteiner zahlen zusätzlich noch eine Konsulargebühr in Höhe von 25 Euro. Dafür geht in der Schweiz alles per Post. Expressvisa werden in Bern innerhalb von 60 Minuten ausgestellt und die Konsulatsmitarbeiter sind im Regelfall sehr freundlich.

Grundsätzlich sollte beachtet werden, dass es an der Grenze keine Visa-Ausstellung mehr gibt! Regional speziell zu beachten ist bei der Einreise:

- Nicht nach Russland einreisen darf man - egal mit welchem Visum oder welcher Nationalität - als Ausländer ohne Sondergenehmigung von Georgien oder Aserbaidschan aus.
- Wer einmal mit gefälschten Unterlagen eine Einreise versuchte und gescheitert ist, wird nicht mehr in die Russische Föderation (auch bei ordnungsgemäßer Antragstellung) reisen dürfen.
- Eine Besonderheit gibt es bei Einreisen nach Russland über die Flughäfen Kasan, Nischni Nowgorod und Samara mit dem

Touristenvisum. Um dort nach Russland einzureisen, benötigt man, obwohl das nach Auskunft eines großen Visumservices gegen nationales russisches Recht verstößt, zwingend eine Bestätigung einer russischen Behörde; weitere Informationen dazu kann im Zweifel diese Visa-Agentur geben. Die Anbieter Visa to Russia (Intelservice) und Vostok haben diese Bestätigungen im Programm. Achtung! Dieses Problem taucht nur bei der Einreise nach Russland via Samara - direkt - usw. auf, d. h., wenn man z.B. mit der Aeroflot nach Samara via Moskau fliegt, reist man in Moskau ein und braucht diese Spezialeinladung nicht, ebenso nicht bei Zugreisen, wo man an der Weißrussisch-Russischen Grenze einreist. Gegen diese Praxis laufen Beschwerden großer Veranstalter an das russische Außenministerium und über die oben genannten Anbieter erfährt man am schnellsten, ob dieses Spezialproblem noch existiert.

Migrationsanmeldung („Registrierung")

Weltenbummler ohne Russlanderfahrung werden sich jetzt fragen: Was soll das sein? Ganz einfach: Dies ist der zweite Teil des Behördenkriegs, genauer die zweite Einreisestufe des mehrstufigen Einreiseprozesses.

Grundsätzlich ist ein Ausländer verpflichtet, sich innerhalb von 7 Arbeitstagen nach Ankunft am Zielort in der Russischen Föderation registrieren zu lassen. Für die Registrierung ist nun fast ausschließlich die jeweilige Behörde für Innere Angelegenheiten zuständig (Quelle: „Ausländergesetz", Gesetz „Über den Rechtsstatus ausländischer Bürger in der Russischen Föderation").

Beim Überqueren der Grenze muss jeder Ausländer die Migrationskarte vorzeigen, die aus Teil A und Teil B besteht.

Teil A der Migrationskarte bleibt beim Grenzbeamten. Teil B nimmt der Einreisende mit und muss während der ganzen Zeit des Aufenthaltes auf dem Territorium Russlands mitgeführt werden (am besten in Verbindung mit dem Reisepass, auch wenn es - wie fälschlicherweise von manchen Behörden und Touristen angenommen - keine Mitführungspflicht des Reisepasses in der Russischen Föderation gibt). Die Registrierung wird bei der Einreise auf Teil B vermerkt. Teil B muss dem Grenzbeamten bei der Ausreise aus Russland übergeben werden.

Nach der Einreise muss sich dann jeder Ausländer innerhalb von 7 Arbeitstagen (Wochenende und Feiertage ausgenommen) mit seiner Migrationskarte beim jeweils zuständigen Amt für Migration der Gebietsverwaltung melden oder seine Anmeldung per Post erledigen. Auf einem Formular vermerkt die Post, dass der Ausländer verzeichnet wurde. Die oben beschriebene Registrierung bei der Behörde muss dann nur noch getätigt werden, wenn man einen Status "Ausländer mit Aufenthaltsbewilligung" hat.

Allerdings gibt es - wie früher auch - Firmen in praktisch jeder Ortschaft, die solche Formalitäten für Geld erledigen (meistens kleinere Reisebüros oder Büros, die Übersetzungen anbieten). Ein Problem ist der Wunsch der Behörden, insbesondere in den größeren Städten, künftig Wohnungsbesitzer zur Kasse zu bitten, wenn diese Ausländer unterbringen, auch dann, wenn es der eigene Schwiegersohn ist. Man sollte also grundsätzlich nicht unbedingt seine richtige Adresse mitteilen, sondern die Dienste von besagten Firmen in Anspruch nehmen.

Am einfachsten geht die Registrierung jedoch über ein Hotel, wenn man sowieso dort wohnt. Man gibt seinen Pass beim

Einchecken ab und das Hotelpersonal meldet den Gast an. Das war's. So einfach geht es aber nur bei Hotels, die Anmeldungen im Service beinhaltet haben. Das sind alle, die man vom Westen aus buchen kann (also teurer sind) und einige wenige Mittelklassehotels.

Bei Verletzungen der Migrationsbestimmungen in Russland sieht das Recht eine Strafe in Höhe von 60,00 bis 140,00 EUR vor. Bei groben Verstößen kann man aus dem Land ausgewiesen werden, wenngleich es dafür eines Gerichtsurteils bedarf. Wenn Sie ein Polizist anhält, benötigt dieser Ihren Pass und Ihre Migrationskarte samt Anmeldung (Stempel auf der Migrationskarte).

Telefonnummern für Ausländer:

Föderaler Migrationsdienst (495) 623-09-40

Abteilung Föderaler Migrationsdienst der Stadt Moskau (495) 238-64-00

Abteilung Föderaler Migrationsdienst Sankt Petersburg und Leningrader Gebiet (812) 578-34-86, (812) 275-09-75

Etikette

Wer sich gut benehmen möchte, sollte in Russland Folgendes beherzigen: Frauen gibt man nicht die Hand, es sei denn, die Dame gibt diese von sich aus (was im Allgemeinen nicht üblich ist). Wer in einer Wohnung zu Gast ist, sollte daran denken, im Korridor seine Schuhe auszuziehen. Wer eingeladen ist, bringt eine Kleinigkeit mit (Blumen und Pralinen stehen bei Frauen jeden Alters hoch im Kurs). Es empfiehlt sich, die Küche Ihrer Gastgeberin zu loben (sie werden es nicht bereuen!).

Überhaupt benimmt man sich gegenüber Frauen jeden Alters etwas altmodischer, als man es von Mitteleuropa gewohnt ist: Frauen hält man die Türe auf, man trägt ihr Gepäck sowie die Einkaufstüten und selbstverständlich - eine Dame zahlt nie. Schauen Sie niemals ungerührt zu, wie Frau sich im Café selber einen Stuhl vom Nebentisch heranzieht und bieten Sie stets Ihre Hilfe an; alles andere ist äußerst westlich.

Für Frauen: Auch wenn es ungewohnt ist, russische Männer fühlen sich peinlich berührt, wenn Sie bezahlen, also lassen Sie die Herren bezahlen - es führt zu keinem Eigentumsanspruch vonseiten der Männer. Lassen Sie russische Männer unbeeindruckt Ihr Gepäck schleppen und die Türen öffnen, wehren Sie sich dagegen, irritieren Sie die Herren. Übrigens gut erzogene Männer werden alleinstehende Damen, gerade in den großen Städten, immer bis zur Wohnungstüre begleiten (nicht weil sie eine Einladung zum Kaffee möchten, sondern weil die Fahrstühle in Hochhäusern in der Nacht für Frauen nicht angenehm sind).

Sollten Sie als Frau eine Kirche oder ein Kloster besuchen wollen, stellen Sie sich darauf ein, dass man von Ihnen verlangt, einen Wickelrock über Ihre Jeans anzuziehen und Ihre Haare durch ein Kopftuch zu verdecken (beides erhalten Sie von der Wache am Tor).

Links

Zugtickets online kaufen

http://vokzal.ru
http://www.railwayticket.ru/
http://rzd.ru/

Internetzeitungen in Deutscher Sprache

http://russland-heute.de/
http://russland.ru
http://www.russlandjournal.de
http://www.mdz-moskau.eu
http://german.ruvr.ru
http://eurasischesmagazin.de
http://www.krusenstern.ch

Privatunterkünfte

http://airbnb.com   Zimmer und Wohnungen weltweit
http://www.saint-petersburg-apartments.com

Hotelsucher

http://www.allrussiahotels.com/

Spezialisierte Reiseveranstalter für Russland

http://gusreisen.ch
http://gusreisen.eu
http://www.sicher-reisen.de
http://www.riesreisen.de/
http://www.sputnik-travel-berlin.de/
http://www.go-east.de

Visumservice

http://www.russland-visum.eu/
http://www.ovir-gmbh.de
http://visum-russland.net/

Weitere Russlandseiten mit Infos für Individualtouristen

http://service.nachrussland.de/

Flüge

http://www.momondo.de
http://www.swoodoo.com
http://www.ebookers.ch/

Andere Russlandseiten

http://russland.ahk.de/ Deutsch-Russische
Auslandshandelskammer
http://www.nachrussland.de/
http://www.kulturportal-russland.de
http://www.inrussland.net
http://russland-hautnah.jimdo.com
http://www.procyon.ch Gesellschaft Schweiz-Russland

Russische Suchmaschinen

http://yandex.ru
http://rambler.ru

Publizieren Sie Uniarbeiten! Kostenlos mit ISBN
gegen Honorar! Keine Veröffentlichungen nach dem
Gießkannen-prinziep

Weitere Infos unter:

http://akadem-publikation.info

Eine Gemeinschaftsedition zweier Verlage

Weiterhin aus der NachRusslandReihe

- Weißrussland anders ISBN 978-384-2331105

- Buchhaltung und Steuern in Russland
  2.Auflage   2011 ISBN 978-3-8370-5439-2

- Russland anders ISBN 978-383-7015805
- Weißrussland auf das Smartphone für
  Unterwegs als epub und Kindle als enhanced
  eBook (der Text ist nicht identisch mit dem
  Buch Weißrussland anders)
- Russland allein bereisen als eBook Format
  epub und kindle besonders praktisch für
  Tablets enhanced

Bald:

Firmenpraxis in Russland 2. Auflage 2012

russland-buecher.ru